U0106498

SOFT POWER
第二次軟實力
世界大戰

胡恩威 著

WORLD WAR II

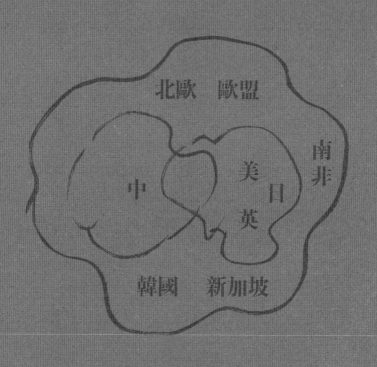

北歐　歐盟

中　　　美　南非

日

英

韓國　新加坡

FOREWORD 1

明月如霜　　　　　　　　楊凡

序一

一切都是由文字開始。

胡恩威在臉書上 Po 了一
張手抄的《心經》，看了馬上
要求割愛。拿到手上卻是一
張 A4 大小的宣紙，密麻麻寫
著大小不同的毛筆字，不見筆
墨，亦無行氣，卻有晉唐遺
風。興奮心急之下迫不及待

潢裱配框立即登上 FB。四方好友的反應也以迫不及待的心
情，問是何方神聖，能寫出此等不曾見過的書法。其中更有
專研倪雲林書法的林太太，說是從來沒有想到被這一張小小
不能稱為書法的文字所震撼。

文字更是從文化而開始。

胡恩威應該是對文字有一種瘋狂的文化人。在他的劇場創作裡，就曾經把古今中外的文字文學，用現代的科技光影投射和電子音響效果，把作家們的每一個字句，字裡行間拆開揭破分析無所遁形。從《半生緣》到《說唱張愛玲》，崑曲化了黃仁宇的《萬曆十五年》，一小時只聽一闋蘇東坡的《好風如水》，莊嚴的《華嚴經》，貼地的《東宮西宮》，還有《中國建築一百年》，對了，胡恩威原本就是學建築的，所以他有本事把中國的文字，拆開來又再拼起來，讓你對這些文字更有興趣，更加投入，而且不能忘懷。這些都是需要有文化做底蘊。他就能做到這些。

文化更需要隨著時代而改變步調。

於是胡恩威寫了這本《第二次軟實力世界大戰》的書，替你分析而且告訴你軟實力是怎樣組成，完全不同於風花雪月的美麗文字，卻是實實在在生活在當下的競爭。他赤裸裸的告訴你這個世界的改變和進化，但是用不著痕跡沒有筆墨的文字，盡訴晉唐意境的虛實。

哦！原來這本書是篇變奏的《心經》。

FOREWORD 2

先熱血，才能看到 平珩

序二

　　在疫情嚴峻的當下，連保全人員都成了提出大哉問的哲學家：「你從那裡來？要往何處去？」

　　這或許是笑話，但在從小到大的教育中，幾乎沒有人教我們要面對這樣的大哉問，胡恩威的軟實力，也許就是對這個大哉問的一個有力的切入點。

　　有人寫作會先點出關鍵字，有人會建立架構，胡恩威高明的手法是為關鍵字建立了圖像，既言簡意賅、一目了然，箭頭走向與圖案形式也清清楚楚顯示出他對理論與資訊「前世今生」的邏輯，從教育、信仰、科技、藝術、設計、媒體與外交七個面向的分析，更顯現他不同於一般藝術人的寬廣視野。

　　他苦心婆心的分析日本、韓國、法國及新加坡厚植

軟實力的不同做法，再提醒藝術教育與培養人文素質的重要，最終提出的「文化安全」軟實力，是超越政治與經濟發展盲點的創見，也是值得尊敬的理想。

　　「什麼是自由？什麼是控制？什麼是道德？什麼是公民意識？」等等對當今社會的冷靜觀察，是他對改革與改進思辨的立腳點，但他從不止於空談，強調沒有「術」，就不會有「藝」，讓他得以在藝術實踐中不斷前行。也正因為他是位對周遭事物都如此有感、充滿「熱血」的創作者，無論是他的舞台作品，還是言之有物的文字作品，總能擲地有聲，對香港「恨鐵不成鋼」的評論，更值得大家去深入探究。

CONTENTS

目錄

INTRODUCTION
前言

二次世界大戰結束後，各地仍經歷了幾次硬體戰爭，比如韓戰、越戰等，但西方都以失敗收場。故此，西方在推動一個新的冷戰模式時，其背景就是核武器的出現，而核戰一旦爆發，等於地球遭毀滅。所以，大家都會對於推動核戰這個行為有所顧忌。於是，出現了冷戰模式。

其實，冷戰就是第一次世界軟實力大戰。這次軟實力大戰的結果，當然是美國勝利。美國花了四十多年的時間戰勝了蘇聯，並導致後者於 1991 年最終

解體。為什麼西方能夠勝出這次軟實力大戰？因為西方非常團結。

西歐和英美連結起來，再結合其經濟的增長以及科技實力的增強，形成了巨大的力量。而這股力量不單只在軍事上，在宣傳戰、在意識形態戰上，在整體的軟實力上，由英美帶動的西方聯盟最終戰勝了蘇聯，就是用了《孫子兵法》「不戰而屈人之兵」的戰略。背後有很多的間諜戰，也有很多宣傳戰。當然，西方有一個優勢，就是他們建立了一個開放的體系，並營造了自由、多元的氛圍，塑造出一個開明、開放的形象，令西方的價值觀深入民心。和當時其他體系對比，顯示其先進性，佔據了道德高地，並掌握了話語權。這給蘇聯那個封閉的鐵幕體系造成巨大壓力。而且，當時的蘇聯乃至整個東歐集團並沒有跟西方展開過真正的對話。

兩個體系在經歷了四十多年的較勁之後，東歐國家因為長期採用計劃經濟模式、在軍備競賽的壓力

下，人民生活水平下降，導致失去民心。而軍備競賽的結果也導致了東歐蘇聯集團把大量資源花在軍事上，而不是用於民生上。反觀西方國家推崇自由市場，以發展經濟為主導的模式，令人民生活也有所改善。在物質上、在精神上，西方也出現了「娛樂」的這個概念。娛樂普及化，並形成一種向心力。在這個情況對比之下，隨著蘇聯經濟模式的發展失調，乃至崩潰，西方取得全面勝利。

經濟全球化削弱了西式政府執政能力

西方戰勝了蘇聯之後，其軟實力變成一方獨大，於是，就集中精力推動經濟全球化，並透過全球化發展進一步開拓了影響世界的平台。西方經濟體系全球化的演變，也導致了西方民主政治的演變。這個演變有一個特色，就是列根－戴卓爾夫人時代戰勝了蘇聯之後，背後的政治管治精英集團構思出來的一個新模式，即在英美出現的所謂政治化妝師（Spin Doctor）。

在後列根－戴卓爾夫人時代，美國民主黨的克林頓和英國工黨的貝理雅相繼上場，那是一個非常具有代表性的過渡期階段。英美民主政治透過政治化妝師的包裝，進行各式各樣政治角力。其結果是導致英美的政治生態出現了改變，就是政治包裝有時比管治重要。

此外，由於經濟全球化概念的確立，導致跨國集團以及其資本家的資本實力越來越強，以致政府的執政能力被大大削弱。西方的最優秀的人大部分都會進入企業界，尤其是美國的科技界。民主政治不能夠吸納更多的精英人才。故此，政治的幕後操作者不是政治人才，而是企業集團。大企業的影響力越來越大。政治人物的影響力很多時候只體現於政治包裝和政治表述，實質的影響力和實質的權力結構已經慢慢飄移至大企業身上。

中國的改革開放正正配合了西方企業作全球化擴充的需要，中國成為了世界工廠，價廉物美的勞動力

為西方企業帶來巨大的盈利。在這個動機之下，西方企業進入中國不是要改變中國的政治體制，而是要令中國人成為其盈利工具。這個由製造業開始的改革開放，後來慢慢以各種各樣的方式延伸到金融、科技等領域。故此，中國的改革開放正好全面吸收西方的科技軟實力、生產軟實力，以及各種各樣文化軟實力。

中國改革開放始於 1978 年底，從早期的製造業到後來的科技，以至再後的文化，令中國形成一個全新的社會生態。在政治上的體現就是，只要你有投票式民主，你就可以進入西方的政治權力俱樂部。例如印度，印度有了所謂一人一票選舉，還有菲律賓，亦有一人一票式民主，故此，這兩個國家出現的各種人權問題，似乎就不成為問題了。

中國的特殊情況是因為中國沒有普選式制度，沒有西方式的三權分立，沒有西方式的選舉遊戲，亦沒有西方式的政治化妝術，所以，她沒有獲納入在這

個政治俱樂部。然而，隨著中國經濟崛起，並建立了紮實的經濟實力之後，美國突然驚醒起來，視中國為敵人，要像之前對付蘇聯一樣，去瓦解中國。那麼，這一次就可能導致第二次軟實力世界大戰。

選舉式民主令政策難以落實和持續

這第二次世界軟實力大戰和美蘇冷戰並不一樣，這並不是一個冷戰。因為中國不是一個封閉的實體，她的體系是由西方演變出來的，所以，跟西方體系的一些基本文化價值也有一些共同之處。西方文化軟實力對中國的影響仍然存在，例如體育文化，如NBA（北美的國家籃球總會）、英式足球，還有荷里活的娛樂文化，如百老匯音樂劇、迪士尼動漫，以及各種各樣的電子遊戲和高端消費品牌文化，已經滲入中國的社會體制內。

所以，這次軟實力世界大戰不同的地方是，它不是兩套絕對不同的價值觀：共產主義與資本主義的對

決，而是兩個都擁有資本主義經濟生態的實體的對決，背後就是兩個運作不同的政治體系的對決。對於西方來說，中國的政治體系當然和他們的不一樣。但是，中國的優勢在於，她並沒採用西方那種幾年選舉一次的短視模式，而著重長期規劃和經營。這在政治上具穩定性和持續性，而且因為中國這樣大的一個體系，不可以一個人說了算，而是有一個系統性支援。她並不像清朝那樣依靠一個天子概念，在技術上也沒有可能由一個天子去管治。但在今日，由於有科技配合，以及各種管理經驗的配合，中國已形成一套自成一格的管治體系。

那麼，投票是不是很重要？選舉又重不重要？當然重要。但是，西方的問題在於過去十多年來政治生態的演變，以及社會生態的演變，導致其政治軟實力上出現弱化的情況。首先，民主本身需要有足夠具質素的公民參與，才能夠營造有質素的民主。但是，西方在蘇聯解體後的過去三十年，都集中推動消費性娛樂文化。基督宗教的影響力越來越小，縱

慾就是西方的一個非常重要的變化。

以前，宗教還可以在道德上起一些調節作用，當宗教的影響力越來越小下，西方民眾大部分時間都花在娛樂身上。娛樂不是問題，要看娛樂什麼。只要我們比較一下上世紀六十年代、七十年代、八十年代、九十年代最受歡迎的流行文化，你會發現西方的流行文化走向官能刺激化。電影《復仇者聯盟》（ *The Avengers* ）獨霸全球票房就是一個指標，其流行音樂上越來越著重官能刺激的節奏，一些富旋律性富思想性的音樂，受歡迎程度也越來越低。

至於科技發展上，西方在社交媒體出現之後，海量的內容佔領了整個互聯網，導致好與不好基本上是沒有分別的。以前，最精英最好的內容成為最受歡迎的現在卻不一定。這個情況也導致西方民主出現了民智下降的現象，選民非常情緒化地追求政治表態是否正確，而且也非常兩極化。特朗普（Donald Trump）能夠當選美國總統，就是這種民粹文化的

反映。當人們把大部分時間都花在娛樂上時，很多民眾只會對一些事情作出即時反應，並沒有思考的深度。選舉民主制度下，選民反應很快，卻越來越缺乏深度。即使特朗普競選連任時落敗，他也獲得七千多萬票，背後雖然也有不同的原因，但核心的問題是：西方民主制度已出現了老化，以及追不上時代、追不上科技發展的現象。

美國的科技公司都具備全球化能力，美國政府對他們來說，只是其經營的一個工具。而且，由於西方的說客制度高度發展，令很多政客也變成企業家背後的一個工具，無法制衡企業資本家對社會造成的傷害。地球暖化及地球的環境保護問題，早在八十年代已經有人提出，但到了今天，情況卻越來越嚴重。就是因為西方消費縱慾主義導致產能過剩、食物廚餘過剩，加上發展科技造成的浪費，環境污染和環境遭破壞正是這種浪費的結果，至今也沒有減慢下來的跡象。

軟實力的核心在於人民的質素

所以，西方目前政治生態的矛盾在於選民質素出現了變化，導致選出來的政治人物的質素也起了變化，更導致西方國家各級政府在政策規劃與各種施政模式上出現了不同程度的變化。對比之下，讓中國模式在某個程度上體現了優勢：就是中國在政策規劃上，例如發展高鐵，就展示了長遠的視野。而在很多其他的政策規劃上，比如高科技發展和經濟發展上，也借鑑了蘇聯的國家計劃經濟模式，而且每一個政策都有具體的目標和落實時間表。加上中國實行社會主義制度，資本家也受到一定的制約。由於沒有實行普選，資本家不能透過選舉操控民主政治。但並不是說中國會長期佔據這個優勢，只要西方的政治軟實力能夠自我調節，選民也能夠自我調節，重新思考民主的本質，優化自己的制度，如此中國的相對性優勢便會減弱。

所以，軟實力大戰最特別的地方是，它不像美蘇冷

戰般的絕對決戰，而是透過對制度的 upgrade（更新）和完善的一個互動過程。所以，中國要在這互動過程中思考自己的軟實力佈局。所謂控制，也沒有絕對的控制，開放也沒有絕對的開放，自由也不是有絕對的自由。一個國家要發展，不可能沒有自由。沒有自由的國家是不能發展，軟實力是必須有一個自由的空間去提升人民的質素。

說到底，軟實力最後最重要最核心的是人民的質素：人民的道德質素、人民的創意質素、人民的文化修養、人民是否有具備公民意識……這些才是決定一個軟實力體系是否具備長遠競爭力。短期的軟實力當然要有，但是長期的軟實力才是維持競爭力的一個指標，這個指標就是要保障人民質素。教育就是一個核心、文化就是一個核心。

軟實力大戰的佈局，像硬實力一樣，有不同的兵種。每一個兵種有不同的功能：有海軍、陸軍、空軍，有不同的武器。那麼，軟實力體系裏面有一個

核心，就是文化軟實力、教育軟實力、文化交流軟實力、外交軟實力、媒體軟實力、設計軟實力、政策規劃軟實力等等，以及信仰軟實力體系。這個體系必然會涉及到幾個主題，就是什麼是自由？什麼是控制？什麼是道德？什麼是公民意識？這些都會影響到一個國家的軟實力是否強大。

全球化之下，西方體系已經遍佈全球。故此，這次軟實力大戰不是以前的兩個不同政治實體的對決，而是兩個擁有共同經濟社會生態的大國之互動，正如國家主席習近平提出「構建人類命運共同體，實現共贏共用」。而這個互動不應該走向「攬炒」，即是說自相殘殺；而應該是良性競爭，即是透過競爭令兩個實體的社會生態、自然生態、人民生態都得到改善和成長，這才是這次軟實力大戰最終的目標——建立一個更優質的公民社會，更優質和更有環保意識的經濟運作模式。而科技在這個角色裏面，應該是提升人類的質素，而不是拉低之。這就是這次軟實力大戰的一個特色了。

第一次世界軟實力大戰
SOFT POWER WORLD WAR I

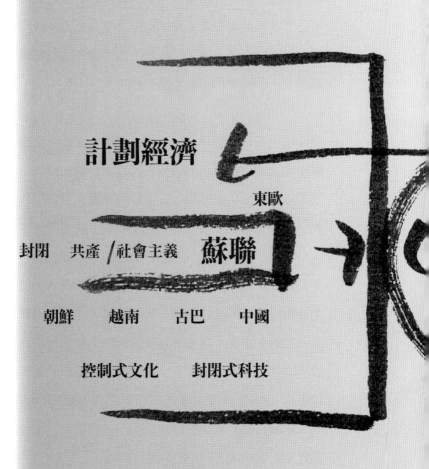

計劃經濟

東歐

封閉　共產 / 社會主義　蘇聯

朝鮮　　越南　　古巴　　中國

控制式文化　　封閉式科技

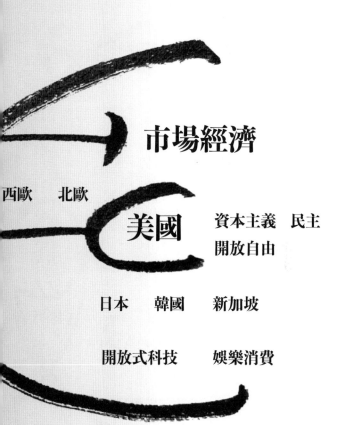

市場經濟

西歐　　北歐

美國　　　資本主義　民主
　　　　　開放自由

日本　　韓國　　新加坡

開放式科技　　娛樂消費

第二次世界軟實力大戰
SOFT POWER WORLD WAR II

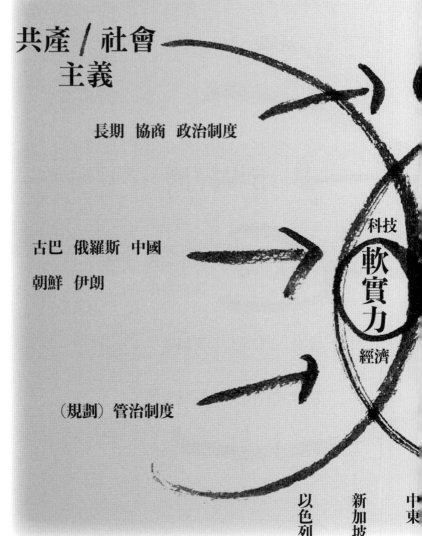

共產 / 社會
　　主義

長期　協商　政治制度

古巴　俄羅斯　中國

朝鮮　伊朗

（規劃）管治制度

科技

軟實力

經濟

以色列　　新加坡　　中東

資本主義

政治制度 投票 短期

美 英 日本

加拿大 北約

管治制度（市場）

東 南 歐
盟 韓 盟

SOFT PO

COMPOSITION

軟實力

OWER

組成

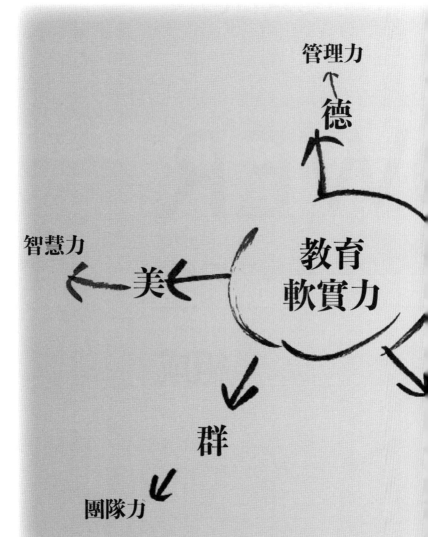

管理力

德

智慧力　　美　　教育
軟實力

群

團隊力

EDUCATION
SOFT POWER
教育 軟實力

智 → 研究力

體

意志力

猶太人遭滅國多年，仍然能夠維持猶太人這個文化實體，二次大戰之後還能復國。最重要的原因是猶太人有一個非常完整的教育體系。即使一度沒有一個實體國家，猶太人的文化認同、猶太人的文化身份，仍能透過一個整全的教育制度去促成。猶太教育是一個非常值得研究和重視的課題，一些西方的教育理念也是從猶太教育

來的。

猶太人教育首先是基於一個猶太教，以宗教為出發點。而猶太教與和基督教（包括天主教、新教及東正教）也有親切的關係。這讓猶太人能夠在沒有國家的情況之下仍能凝聚一起，就是透過教育。所以，教育是一切軟實力的基本。

猶太人的軟實力可謂體現在各行各業，除了在商貿行業，你看看過去 100 年最重要的科學家、藝術家、建築師、政治家等，都可以看見猶太人的身影。直至今天，以色列的教育和科研體制都是世界一流的。例如能夠真正和美國麻省理工學院（Massachusetts Institute of Technology）比拼的就是以色列理工學院（Technion–Israel Institute of Technology）。

所以，我們要探討軟實力，必然要先研究一個地方的教育體制，因為教育體制就是建立軟實力的基本功。

軟實力本身是一個綜合的力量。一個好的教育制度可以培養出不同類型的人才，猶太人教育體制就是一個例子。你可以在經濟和商業領域找到其成功的例子，也可以發現不少哲學家、音樂家、指揮家、設計師、建築師等是猶太人，幾乎所有類型的頂尖人才都有猶太人的身影。

中國的教育制度在西方列強侵佔後受到衝擊，科舉制度沒有了。傳統中國的教育體制是以「家」為本的，所謂「家學」也消失了。而西方的教育體制則是以「神」為本，西方的教育制度和神學教育有著密切關係，很多目前最頂尖

的大學，都是由神學學院演變出來的。所以，
宗教辦學是西方教育一個特色。

清朝末年，朝廷被迫對外開放，包括開放辦
學，當時西方傳教士來到中國進行各式各樣的
教育。我們要知道西方辦學的根源，必然先要
了解猶太教育。猶太教育有什麼特色？第一，
猶太人的種族主義很特別，它並沒有根據膚色
或者以絕對的血緣為依據，也沒有「純種猶太
人」這概念。只要你和猶太人結婚，和猶太人
有姻親關係，無論你的皮膚是黑色深色，你都
可以是猶太人。可以說，這是一個十分現實的
民族和文化。以在西方也備受爭議的同性婚姻
問題為例，以色列很早已經立法，容許同性戀
人結成夫妻。有保障兩位同性戀人一起生活的
法例框架。再看看猶太人的經典作品，裏面都
是教一些生活上的智慧和常識，並沒有很多抽

象的概念。這些都說明猶太人是非常實在的民族。

教育的本質是什麼。蔡元培提出的幾個基本元素:「德、智、體、群、美」,就是教育的基本。

教育不是教你成為一個醫生,教育的基本是教你如何做一個人。「德」是紀律,你要準時,做事要有負責心,要對自己的行為負責。「智」就是智慧,智慧是什麼?是思想和分析能力,數學上的計算能力、文字上的表達能力,以及分析事情的能力。「體」就是身體——你的身體強健,思想自然也會強健,所以體育是非常重要的,透過體育認識自己的身體,有助認識自己,這個道理十分簡單。

「群」就是 Teamwork。一個創意產業，尤其是與文化軟實力相關的競爭力，取決於團隊。如果沒有一個團隊，各自單打獨鬥，有十萬個李小龍也無補於事。單打獨鬥當然沒有問題，但如果我們要打造軟實力，就是一個團隊的問題。「群」就是我們要有團隊精神。如何做領袖？如何做一個團隊的成員去配合？這些都是十分重要的。

「美」就是美學，每一個人都有五官，五官就是美學的開始。什麼是香味？什麼是美味？什麼是賞心悅目的視覺？什麼是具性感的觸覺？這些都是「五感」，是和美學有關的。美學助我們產生一些抽象的想像力，這正正是創意的源頭。沒有抽象的想像力，沒有基本的美學知識，便無法擁有更強的軟實力。軟實力的基礎來自於想像力。正如二千多年前，孫子寫《孫

子兵法》的時候,他透過創意思維,把他的經驗結合想像力組織起來的一個體系。又例如北宋畫家張擇端的《清明上河圖》,在沒有照相機的時代,他透過繪畫創作去記錄當時的社會民情。

所以,「德、智、體、群、美」是軟實力的基本。從這個基本出發,可以引伸到一個具體的例子──韓國。韓國的軟實力是透過教育建立的。上世紀八、九十年代,韓國政府支持很多的年輕人出外留學,學習不同類型的美學知識。為什麼 K-pop 這樣成功?它有一個流程──首先支持很多人去外國留學,留學生回國之後,在政府和大財團的支持下,設立很多不同的、與設計創意相關的學院。因為要發展時尚產業、娛樂產業,需要設計師、電影導演、前期製作人員、服裝設計師、演員、舞者等,

就是這些不同的工種,才能夠完成電影電視的製作。

所以,韓國第一波,是先送人才去學習外國最好的知識和技能。目前,四千多萬人口的韓國有很多設計學院和舞蹈學院,重「量」也重「質」。它的「質」是什麼呢?就是跟美國的標準來做。所以,教育的目的,是培養兼具不同技能和技巧的人才,並形成團隊,組成一個軟實力實體,去推行各式各樣的軟實力互動,並造成影響。

韓國的成功就是一個活生生的例子,學習西方最先進的知識和技能,透過提升韓國人的水平,去建立一個自己的創意團隊。他們也建立了一個「韓國傳統東方智慧」以及借鑑日本明治維新後如何推動現代化的過程。所以,韓國

的軟實力是由人開始的。

日本也是一樣，你知道任天堂總部為什麼選址京都嗎？京都是日本平均年齡最年輕的一個區域，而任天堂總部附近有過百間不同類型的工藝、設計、美術工程相關學校，提供了大量的人才。日本的教育是工作教育（Job Training），即是學生畢業後，馬上可以進入職場工作。而老師都是業界翹楚，就是完全的「師父徒弟制」。

可見，任天堂的軟實力在於他們能夠組織一個團隊，長期為其服務。一家大企業要建立軟實力，必須有一個長期穩定的人才庫，才能確保有足夠的人力資源，並以此打造一個機構、一個國家、一個民族的軟實力。你看看索尼（Sony），雖然經過很多風風雨雨、起起

跌跌，但仍然是一家軟實力非常強的企業。硬件不說，軟件方面，近年非常成功的《鬼滅之刃》動畫電影就是索尼旗下的一個知識產權（IP）。索尼的文化軟實力不但在日本，甚至在全世界，都產生影響力。

可見，教育是非常重要的一環。教什麼，你便會有怎樣的公民。而公民的質素必須靠教育來提升。所以，教育要多元化，但並不等於降低質素，而是要有不同的標準，像孔子所說「因材施教」。有人適合做汽車維修員，有人適合做藝術家、哲學家、詩人……要有各式各樣的人才，才能夠形成一個團隊。所以，教育也是一個民族能否維持其軟實力的基本功。

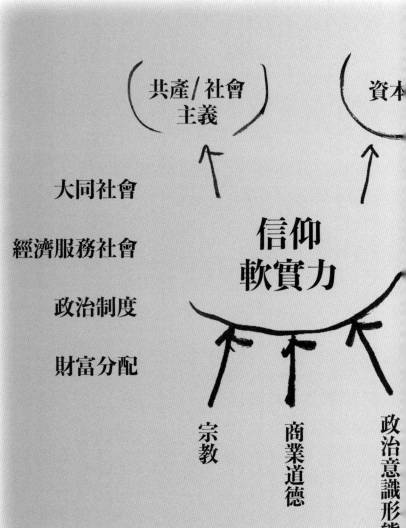

共產／社會
主義

資本

大同社會

經濟服務社會

信仰
軟實力

政治制度

財富分配

宗教

商業道德

政治意識形態

階級經濟

經濟服務市場

政治制度

資本

任何一個軟實力體系都需要建基於信仰之上，無論是宗教信仰或是意識形態信仰。換句話說，一個軟實力體系必須由信仰去支撐。西方工業革命和資本主義發展，也建基於基督教信仰體系之上。即是說，基督教就是西方軟實力的基礎，包括：科學、藝術、經濟發展、教育等，比比皆是。

基督教的特色就是相信世界是由神創造，有開始也有結束，有天堂也有地獄。而且，是一個絕對的開始，也有一個絕對的結束。其科學理論也證明《創世記》的存在。後來，西方這個信仰體系透過傳教影響世界，而西方的科學和醫學時，都是透過傳教的平台傳播世界。所以，西方工業革命後的殖民地管治模式，就是透過在被殖民的地方興建醫院和學校，來推行傳教和意識形態宣傳工作。

後來發展到資本主義社會，資本家以利益為先，其理論基礎也是一個信仰體系，這個體系基本上是建基於基督教。事實上，由蘇聯以至到整個歐洲，甚至美國陣營，其信仰都是建基於基督教之上。後來馬克思出現了，尼采發表了《上帝已死》，對基督教作出強烈的批評。而在現代化的過程中，又出現了共產主義這個

無神論思想。無神論思想基本上就是否定基督教的，故此，它也是西方發展出來的一個新的信仰體系，就是不相信神的存在。他們相信在人類社會裏面，可創造一個共產主義烏托邦。這個信仰體系也是建基於平等博愛，正如基督教所宣稱的：要愛人如己，以人為本。兩者的信仰都是希望導人向善，令世界變得更好。只是手段和方法不一樣。

信仰體系的重要性，在於它能夠凝聚團隊。軟實力的競爭力最終也是取決於團隊能力。有拿破崙但沒有拿破崙的軍隊，拿破崙也不會是拿破崙。有毛澤東但沒有支持毛澤東的一個團隊，也不能成就毛澤東。這個也是為什麼信仰很重要。

信仰是無形的，但信仰本身會凝聚力量。例如

日本人相信匠人精神、相信尊師重道，這也從中國文化衍生出來的儒家禮教思想體系。韓國也一樣，他們深受儒家思想尊卑觀念的影響。所以，日本和韓國的等級觀念非常重，例如學生對老師、兒女對父母、晚輩對長輩，都必須義無反顧的絕對尊重，這種「禮」的觀念在日韓兩國仍然根深蒂固。因此，儒家思想也是一個信仰體系，同理道家思想也是一個信仰體系。他們相信不同的模式，以界定一個道德標準和做事方法。

目前宗教信仰基本上可以分為幾個體系，包括西方的基督教和天主教體系、中東的伊斯蘭教體系，還有佛教體系和印度教體系。每一個體系裏面也有不同的分支，會出現不同的情況。中東問題本身常常是源於信仰問題。同屬伊斯蘭教體系，但什葉派和遜尼派下面有不同的價

值觀,故也有不同的文明標準。

佛教也是一樣,有南傳佛教、有漢傳佛教,也有日本發展出來的禪宗,以及各式各樣衍生出來的佛教體系。基本上佛教是和基督教相反的,佛教沒有倡議一個絕對的開始、一個絕對的結束。任何一件事情都是一個輪迴的概念,即是循環不息的概念。

其實,前基督教時期的世界,宗教本身也有這種含意,即是世界沒有所謂的一個盡頭或結束,只是後來由基督教發展而成。故此,佛教思想非常特別,因為它是一個思維方法,而不是像基督教一樣,有一個絕對的所謂信念(Faith)。基督教最重要的就是講「信望愛」,信是最重要的,對神要信任。不要懷疑未能親見之事,只要信。但是佛教宣揚的卻不一樣,

它不是要你去信，而是要去體會和理解，學會放下，不要執著。東南亞國家的社會多元化，正正在於各信仰很少執著於自己宗教的絕對性。所以，你會看見不同國家同時存在不同的文化和信仰體系。

這個信仰問題對軟實力是有很大影響的。共產主義其實也是一種信仰，信仰一個共產主義烏托邦。馬克思在《資本論》內提出了資本主義社會發展的不同階段，共產主義社會的是最理想的階段，就是要建立一個平等、沒有貧富懸殊的烏托邦。這個能否做到？就正如中國共產黨近年常提的「初心問題」，當年，中國共產黨推動革命、解放中國的動力，就是要摒棄資本家的剝削，徹底把傳統的中國舊思想推翻，才可以建立新中國。但中共執政以後，推動蘇聯式經濟發展的結果是：這個體系經濟上不能

持續下去，令中國變得一窮二白；而且在多次
路線之爭後，也令國家陷入重重困難。

「文革」以後，共產黨選擇了改革開放的原
因，也是很實在的。就是對共產主義的信仰開
始動搖，物質上不足以推動經濟的持續發展，
沒法改善人民的生活。於是，走上改革開放這
條路。改革開放政策釋放了中國社會很多潛
能，也令大家放棄了教條主義的共產主義信
仰。而全面開放接受西方市場經濟、大量工業
生產的模式。這個結果令中國人慢慢建立起自
己的工業能力、自己的經濟生產力、自己的社
會互動發展能力。由人民公社以及早期的蘇聯
式經濟，逐漸滲入西方模式。

有趣的是，中國雖然實行了資本主義市場經
濟，但在政治上仍信仰共產主義。執政者的信

仰就是回到共產主義的初心，就是政府有責任
處理貧富懸殊的問題，有責任抑制資本家的無
限擴張。所以當今天大家都成為資本主義及消
費主義的信徒時，對更高的管治階層而言，他
們仍需要思考：怎樣令社會得到持續均衡、健
康的發展。

信仰對任何一個地方以至個人都是很重要的，
而人人應有選擇的權利，因此宗教自由、言論
自由、思想自由等也很重要。一個沒有思想自
由的地方，軟實力很難持續強大。因為始終都
會出現神話破滅的情況。正如很多以宣傳手段
推動的信仰，到頭來也很難持續下去。不過，
現在資本主義在西方也出現信仰破產的情況，
消費主義已成為宗教的最大敵人。神職人員大
幅減少，試問沒有人願意當神職人員的話，宗
教能如何存在呢？

西方宗教目前面對最大的困局，就是失去了引導社會發展的地位和角色。他們已經和科技、藝術、媒體完全脫節。而且，這幾年宗教界各種各樣的醜聞也被報道誇大了，以至他們對人類教育和醫療上的貢獻，已被掩蓋，導致宗教的社會影響力越來越小。加上宗教體系也變得很封閉，出現一種消費主義的現象，它猶如精神排毒的一個療程，而不能真正根治社會上出現的縱慾現象。

在西方，這種縱慾現象在失去了宗教主導之後，變本加厲。以前有宗教，可對資本主義社會起調節作用；但自上世紀九十年代開始，列根、戴卓爾夫人時代及冷戰結束後，宗教這些信仰原則和西方民主社會對自由的信仰有距離，並慢慢地被放任、縱慾所取代。人們只是追求更多的消費和更多的物慾。

人們根本很少時間讀書，也很少時間去看電影，卻不斷推出新的書和電影。現在的信仰是，更多選擇才是選擇，沒有選擇就不是選擇。其實，選擇這個問題很簡單，你不能選擇你在哪裏出生，也不能選擇你的父母是誰！

消費主義下的信仰，首先就是相信有更多選擇才是選擇，但選擇帶來的浪費卻不重要，有選擇比浪費更加重要。第二個是什麼事情都貪新忘舊，即是說要不斷推陳出新，更要「以量為先、以人為多」，以誇張為賣點。大家只關心自己的感覺，越來越不重視事實，也不去處理社會面對的問題。

西方資本主義的信仰破產，其實是經過多年來的社會演變，與科技發展也有密切關係的。那麼，未來的軟實力信仰就成為一個很重要的課

題。即是說，如果人類社會要持續發展，必須重整目前這種浪費主義信仰。那麼，是透過宗教改革，令宗教重新主導社會？這個有可能嗎？那麼，哪一個宗教有助未來社會持續發展？建立更環保、更文明的社會呢？而這個大實驗在奉行共產主義的中國社會，會有怎樣的發展呢？

隨著開放政策和經濟發展，近年來，中國的宗教活動慢慢地恢復起來。各種宗教在地下也好、地面也好，都有不同程度的發展。回到最後的基本，就是宗教是精神排毒消費主義的結果？還是一個真正令社會覺醒，令公民社會更有責任感？而每一位公民都知道自己的義務和責任，不會浪費資源，不會反應過度，不會成為語言暴力兵團的成員。在一個政府有能力控制一切的社會下，公民對自由的理解又如何？

在絕對自由和相對自由的選擇下，該如何抉擇？

西方社會目前存在的最大問題，就是媒體形塑了一個世界，令大家相信。新聞機構出了一個標題，大家就馬上在社交媒體表態。但表態之後，也沒有進行實質行動。這個情況就好像以為在社交媒體表了一個態，就是盡了公民責任。當然也有人會身體力行去實踐，這是西方長期主導世界的原因，因為他們都是行動派。他們會攀山越海到一個遙遠的新大陸，如現在網上也有傳教士到了不同的地方進行傳教。不過，更多的是國際企業在世界各地擴張，他們的目的是佔據市場，獲取經濟利益。

所以，西方目前媒體信仰體系背後最大的一個困局，就是社交媒體依靠廣告，而廣告背後就

是消費。媒體的目的是刺激消費、製造慾望，而不是促進整個社會真正的覺醒。這就是目前西方資本主義媒體的困境，就是以不斷的慾望帶動社會發展。

今天科技進步是否必然帶動人類在精神文明方面的進步？我們是否應該在科技文明與精神文明兩者之間作些調節，以達到協同效應？令人類的質素提升，令社會問題能夠用更文明的方法解決。如何將由慾望主導的世界調節為由覺醒主導的世界？這正正是未來打造信仰軟實力時，需要研究和發展的方向。也許今天西方的困局，可以在東方思想中尋找到一些讓社會持續進步的啟示。

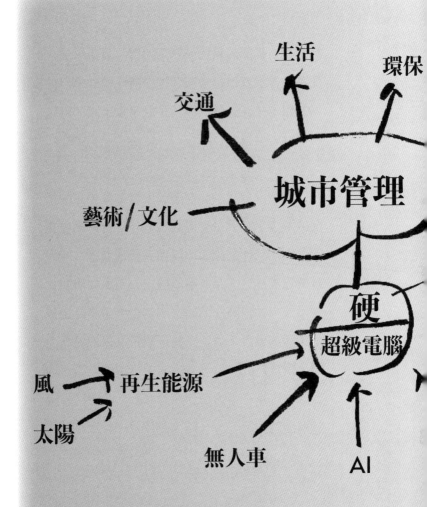

TECHNOLOGY

科技 軟實力

治安

經濟

ETWORK

————— NETWORK
PHONE

BIG DATA

科技從來都是重要的，工業革命就是因為科技進化而促成的。科技革命賦予西方力量去促進社會形態的改變，甚至侵略他國。從前的科技革命和宗教結合，在工業革命以前，西方社會的很多變革都是由有基督教背景的團體推動的。宗教促進科技發展、引領藝術發展，因此科技也成了宗教的一部分。

工業革命導致出現資本主義社會，進而改變了科技的權力結構。科技由從前歸依宗教到脫離宗教，成為自成一格的新體系。從前的科技發展是基於證明神的存在，後來的科技發展變成了促進經濟發展，並引致軍事實力的演變。但演變卻是以自由的理由進行的，背後則是為了經濟利益，並以人權、民主去包裝。那麼，西方的科技發展史和中國的科技發展歷程、以及科技軟實力未來會有怎樣的互動呢？

最明顯的是，中國推行改革開放之後，她的整個科技體制由蘇聯模式轉型至以西方科技模式為基礎，並隨著改革的深化而進一步吸收英美的科技知識。大量中國科技人才被派到歐美、日本學習新的科技，再將之跟傳統的蘇聯科技結合，形成了中國特有的科技生態。

科技是一個生態與生態的競爭和互動。長期以來，美國都是西方科技發展的龍頭，她的科學研究及整個產研生態都非常健全。即是說，科技研究之外，其成果能夠變成實質的資本主義生產工具和平台。

未來的科技軟實力取決於教育。而教育應該教什麼？數學、物理、化學、生物是西方科學教育的基礎，而未來的科技競爭力當然要加上編碼（Coding）。編碼可以說是未來非常重要的競爭元素，因為未來推行各式各樣的數碼貨幣、人工智能等等，都需要編碼知識。只有學懂編碼，才有更強的應用工具。而編碼也是建基於數學之上的。數學教育是科技競爭力、軟實力的基本。任何一個社會，若想有強大的科技競爭力，必須有非常健全的數學教育，並把數學精英培訓成工程師，以及各式各樣和科技

相關的專業人才。

科技軟實力的基本功就是數學,之後就是物理、化學和生物。西方科技界著重改變世界,而東方的科技觀很多時候是配合自然。兩者觀念很不一樣。過去是由強勢的西方主導,到了今天,隨著出現地球暖化等現象,未來將發生重大變化。

科技軟實力在未來的表現是如何將科技應用在城市生活、城市管理、城市規劃以及經濟運行上。城市變成呈現科技生態一個非常重要的地方。如何透過新的科技製造再生能源?如何透過新的科技節能,令生活更綠色?人工智能協助更好地管理城市、令人民生活更安全、更便捷。有些人會質疑這些烏托邦式的想法,但我們必須正視科技的發展和演變的無限可能。要

學習怎樣去迎接創新科技,而不是避開科技。

人工智能(AI)猶如一支旗艦式、全方位的正規軍,還有電子貨幣、大數據、超級電腦,以及綜合的網絡生態。但 AI 不可以單獨存在,必須結合不同產業及其生態去進行。網絡世界就是 AI 的世界。而 AI 也會改變未來科研發展的模式,其背後就是數學,你要有更多不同類型的數學家、科學家和程式員,去加強 AI 的競爭力。而如何應用人工智能,就能充份反映一個社會的規劃能力。

新冠疫情爆發之後,更突顯出科技的力量。疫情下,人們仍然可以在家工作,可以展開一定程度的經濟生活,並衍生出新的工作模式。科技的未來發展會形成非常特別的情況:歐美生態和非歐美生態。中國有 14 億人口,可以有

自己的科技生態，換言之，她有自身的網絡體系、電子貨幣體系，以及各式各樣和生活掛鈎的娛樂教育體系。

歐美和中國這兩個體系在互相影響、互相競爭下，有些是良性的、有些是惡性的。但歐美在某些領域始終是領先的。如歐美有 Google，它帶來的影響的是全球性，而 Facebook 和 Apple 也是全球性企業。

中國雖然慢慢跟上，但是仍然未有一間公司，能像 Google 般擁有全球的影響力。騰訊的影響力只是在中國和一些非西方主導的地區，尚未能形成全球影響力，但它的競爭潛力仍然很強。作為電子商貿龍頭企業的阿里巴巴，在中國市場佔有率一定比西方同類企業領先。那麼，西方在這一方面如何和中國互動？就是未

來軟實力競爭非常重要的部分。

另外就是科技宣傳戰。科技影響媒體，兩者是緊密關連的。收音機是科技產物，電視也是，現在盛行的網絡和手機更是。所以，科技主宰媒體。但是，媒體是一個中性的平台，如何利用媒體去掌握話語權，便是今日軟實力的其中一個重要課題。話語權如何發揮作用？西方當前的困局是，他們營造的社交媒體和電子媒體生態，對由上世紀七、八十年代建立、重質素的傳統新聞媒體造成衝擊，令其慢慢變成為受「大數據操控」的媒體模式。其實，從特朗普當選美國總統，已經說明了這些社交媒體的危害性，因為它們可以操控民意和輿情。

相對之下，中國的「封閉模式」反而有其特色，就是政府有能力去制止一些不必要的謠言

散播。但副作用是，會令民間缺乏一個真正監督、評論、分析政府政策的能力。這個矛盾就是你不控制科技，科技便會像英文所說的：Out of Control（失控）。但你控制太嚴，言論自由和思想自由便會受到箝制，到頭來也會影響整個社會和國家的軟實力。故此，如何拿捏控制分寸？如何運用科技？背後涉及道德問題，以及管治方法問題。

西方目前面臨的困局，就是諸如 Google 等社交媒體是依靠廣告收入來維持運作。所以，他們發佈的信息都難免會與金錢掛鈎，而沒有道德規範制衡。如何平衡這些社會道德？如何令其健康地運作？並不容易處理。中國比較單純，因為大家都知道她是一個擅於控制的實體，大家看其資訊時，知道其背後想傳遞的信息，並曉得分析。相比之下，西方民眾常常以

為自己生活在一個真正自由的環境，卻想不到其媒體發佈的資訊，背後也有一個體系在控制。

回頭再說說 AI，應該如何應用它？怎樣應用？要製造更尖端的超級電腦（相信技術上並不困難），還是如何掌控 AI 的「思想」？相信後者才是未來 AI 科技發展的重點。例如：如何運用 AI 去解決社會問題？怎樣用它來推行更好的教育？以及去解決醫療健康和人口老化的問題？都是未來值得思考的。

如果只在商業消費上運用 AI，並未能真正發揮其功能。AI 應該被應用在更高層次的思維模式和優化社會設施上，而不是單純地去刺激消費、催生更多的購買行為。消費本身沒有大問題，而是你過度消費的後果，可能造成很多

環保和人際關係問題,以及社會道德問題。因為大家只在追求金錢上的高潮,而不是真正推動社會往正念(mindfulness)方向發展。

在未來,可否借助 AI 來發展一個充滿正念的社會?就視乎設計 AI 和應用 AI 的人會否有這個識見。故此,如果把東方的一些思想融入 AI 身上,例如《道德經》「無為而治」、《孫子兵法》、《易經》等,它會出現一種怎樣的智能?

人工智能的「智」一定是由人輸入的,那麼,西方有沒有什麼新的想法?如果只在硬體戰中運用 AI,例如如何操控選舉?這樣對西方也是一種自殘。看看過去二十年,西方民主自由社會如何倒退,正在於他們過分利用科技來刺激消費,而不是在創造更高層次的價值、以及

提升人類的文明質素有關。這是未來科技戰必須面對的，就是如何利用科技，去創造一個更具包容和有同理心的社會。

未來科技軟實力最重要是如何應用科技於城市管理上。「智慧城市」是一個口號，但是具體落實必需要應用科技於以下方面：第一是垃圾分類、環保等議題。第二就是能源，如何能夠利用科技，令建築物更節能、更環保、更通風。第三是健康，如何應用科技改善居住在城市人的健康。另外如何透過大數據、AI 進行交通規劃以及城市治安管理，都是科技應用改善城市管理質素和效率最重要的手段。因為未來人類大部分都會居住在城市，所以應用科技去管理城市，必然會改善城市的質素以及密集城市空間的居住環境。

此外，形形色色的科技應該應用於城市管理和生活上面。例如太陽能、自動車、交通工具以及城市規劃的模式，都應該隨著科技而改變。疫情後在家工作的模式，即是工作與生活的距離如何能夠減少，減低交通出勤的時間，大大改善人類生活的質素。這些都是可以透過網絡科技、空間規劃以及於建築上應用新科技而獲取的。因此，科技是未來發展城市的主題。

科技也是綜合科技軟實力的展示。科技不是一個單一的科技，而是要透過綜合不同類型的科技結合而形成一個科技軟實力。透過這個科技軟實力去管治、去管理、去規劃一個城市，為人類帶來更好的生活和工作環境。

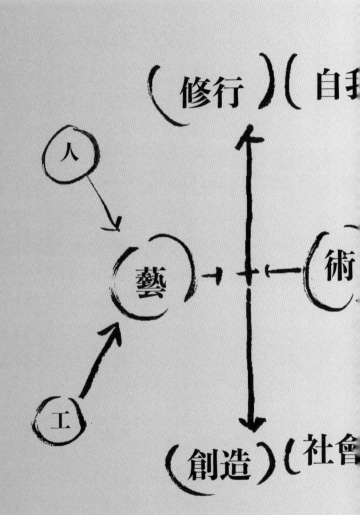

藝術 軟實力

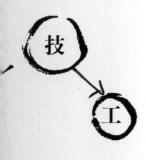

硬件

什麼是藝術軟實力？藝術本身有「藝」也有「術」。技術其實是藝術軟實力的根本。

從金錢角度去看藝術，只是其中一個藝術後果；藝術、工藝本身才是最重要的，是一個兼具藝術軟實力的社會必須具備的。以瑞士為例，她以生產高質量手錶著稱，其製造的各類型產品背後都蘊藏著

非常尖端的技術。所以，它的藝術價值並不是
那種透過競投拍賣所體現的，而是蘊含的工藝
的成份。藝術軟實力不是由藝術投資市場決定
的，那只是藝術軟實力的一部分。一個國家或
一個社會的藝術軟實力不是取決於它的藝術品
價值，而是藝術本身對社會的影響力。

工藝是藝術的根本，沒有「術」，就不會有
「藝」。任何藝術家都要面對一個技術問題，
而不是所謂「藝術市場」。藝術市場並不是由
藝術決定，是由投資者或者買家決定。但技術
和工藝，乃至匠人精神才是藝術的基礎，就是
追求工藝上的精益求精，像日本代代相傳的匠
人，本身就是一種技術，若到達一定的境界
時，也就是藝術了。因此你要先有技術，才可
以創作藝術品。你可能說，近年來社會流行把
藝術當作一種投資產品，當然這是其中一種理

解，若把藝術作為一個國家的軟實力看待，則必然和生活以至時代有關。

普羅大眾和藝術的關係乃建基於生活。按照傳統中國文化，人人都要學書法，所以，書法作為一種藝術是一種個人的修行和修為，包括美學的修為、技術的修為。人人寫小楷，就是要學會集中精神去把一個字寫出來，培養專注力。寫行書草書，行雲如流水，像呼吸一樣，是藝術精神的表現。故此，如果我們只是把藝術品放在能賣多少錢或投標價有多少上，便沒有什麼情趣了。試問一幅價值幾十億美元的畢加索名畫，全世界有多少人買得到或買得起呢？那些購買者的目的是為了保值？還是真正欣賞藝術呢？這是一個非常重要的課題。

藝術有不同的層次，有些是技術主導的，有些

是精神主導的，有些甚至只是反映個人修為的。西方傳統藝術是由宗教開始，如透過教堂建築物去表現一種宗教感染力。因此，西方傳統繪畫都跟《聖經》故事有關的。

此外，繪畫另一類題材就是歷史事件。以前沒有照相機，很多歷史事件都要透過繪畫和雕塑記錄下來。所以，藝術也是一種記錄歷史的工具。但後來發展至工業革命、攝影技術出現，便可以透過大量生產來創作藝術品。例如一張攝影底片可以沖曬出很多張相片。除了底片以外，沒有一張是本來的作品。現在拍攝數碼化之後，究竟如何衡量藝術品的藝術性及價值，又是一個新的課題了。

為什麼說藝術重要？因為藝術的普及能令整個社會的軟實力提升。所以，我們對藝術有要

求。我們的要求是指，一種超越金錢、超越物質的要求，也就是要有創意。創意就是藝術的基礎，任何人都可以有自己的藝術觀，而藝術觀沒有絕對的對或絕對的錯，只是在消費主義下，藝術漸漸和金錢掛鈎。你到玩具店看看，一個玩具也可以是一件藝術品，而藝術拍賣會一幅價值十億元的油畫也是藝術品。所以，藝術本身是沒有一種絕對的價值，不是貴的藝術才是好的藝術，沒有標價的藝術就是不好的藝術。

如果我們只把藝術和金錢掛鈎，便非常沒有趣味。藝術的趣味性在於它是由人創作，任何人都可以當自己是藝術家，去進行創作；讓自己透過對藝術的創作進行修為。近年興起的陶藝就是一個修行的過程，即是說你透過陶藝創作，去感受你和泥土的關係。畫畫、唱歌等任

何藝術經驗，本身都是個人的。所以，真正的藝術是一個體驗的過程，至於藝術品最後出現時，哪些人買入，哪些人賣出，那是另一個層次的課題了。

藝術經驗很重要，因為這樣，他才會對藝術有更深的體會和更深的感情。所以，軟實力強大的地方或人，其藝術經驗都很豐富。尤其要從幼兒教育開始，小朋友零至三歲期間，眼睛開始懂得識別東西了，手、五官等各種感官開始產生感覺。你給他聽什麼聲音？你給他用什麼顏料去做創作？都會影響一個小孩。所以，幼兒教育通常都是由藝術教育開始。你看看德國、北歐、日本等軟實力最先進的地方，都是非常重視幼兒藝術教育。而幼兒藝術教育的重要性，在於它開發了小朋友的潛能，進入小學之後，藝術創意生活就可能成為他生活的一部分。

什麼是創意？有敏感的耳朵、能夠用手去創造東西、用眼睛去觀察事物、用手和行動去做一些事情。這就是為什麼教育強調「德、智、體、群、美」。「美」就是要有藝術經驗，這點十分重要。因為藝術經驗和宗教很接近，並不是追求物質，而是追求超越物質的東西。其實，這個意涵在我們中國傳統或亞洲傳統裏是可以找到的。你去印尼的峇里島看看，每一個人都會跳舞，沒有所謂是舞蹈家或不是舞蹈家。每一個人都是透過巡遊的方法去參與，因此傳統藝術是參與式的。

你到日本看看神社的各種大小拜祭活動，民眾都可以參與巡遊。巡遊是最傳統的一種藝術參與形式。因為在從前的農業社會中，人們都是日出而作、日入而息，只到節日的時候才需要娛樂，其娛樂過程也充滿著藝術性和宗教性。

但到了娛樂絕對化的今日，我們每一秒都好像在娛樂，變成只是其中一個過程，而且十分形式化和需要官能刺激。而金錢就變成另一種官能刺激了，人們只關心這幅畫買多少錢，賣多少錢？而並不去了解藝術家背後創作的狀態和辛酸。

荷蘭後印象派畫家梵高（Vincent Willem Van Gogh）就是一個經典的例子。梵高是在非常孤獨和困苦的情況下度過他的一生。他之所以成功，就是後來有藝術投資者成功把他的藝術作品變成炒賣的商品。在漫長的人類歷史裏，也有很多像梵高一樣、生前從來沒有獲得任何掌聲的藝術家，默默過著自己的藝術人生。那麼，我們說梵高是快樂還是不快樂呢？如果只看他的作品和他寫給家人的書信，當然充滿悲劇感。但我相信，梵高在創作時，沒有想過

自己的作品可以賣多少？他的創作純粹是非常
個人的表達，以顯示他在學習藝術過程中的想
法。

梵高的風格完全是一個自我完成的過程、一個
自我完善的修為。所以，梵高的人生可以說
是豐滿的，因為他能夠非常集中精力去把自
己的作品創作出來。雖然他生前沒有米高安
哲羅（Michelangelo）或達文西（Leonardo da
Vinci）般的榮耀，但他的人生是豐富的。當
然，按資本主義社會的邏輯，梵高的人生是失
敗的，因為他從來沒有變成千萬富翁、或者獲
得什麼國際榮譽。但是，他的創作能夠流傳下
來，大家看看他畫的每一畫，背後的力量是非
常神奇的。我相信梵高的重要性，並不是因為
他作品的金錢價值，而是他留下來的過千張作
品中，由素描到油畫，讓人看見一個藝術家追

求自我的整個過程。

的而且確，藝術是表現自我的一個過程，在資本主義社會當藝術家注定會失敗。因為藝術家不可以自己決定是否成功，那是要由權貴或買家決定的。但如果你是一個有技術的人，你總能找到自己生活的空間。你會修理手錶、會修理電器，或者會煮一手好菜、你會做一名木工、你能夠用自己雙手去創造等等，也會令自己的人生充滿更多樂趣，而不是被動地坐在電視機前面，看著電視，看著手機。這是一個非常被動、沒有趣味的過程。

由此可見，藝術的價值，在於創作的過程，而不純粹是藝術的結果。而一個藝術家的成功和失敗，很多時候並不是藝術家可控制的，往往有很多客觀的條件和主觀的因素。但唯一

可以說的是，如果你決定要學習藝術，必須由「術」開始，再透過藝術經驗，來獲取技能和滿足感，相信比物質或金錢上的收穫來得可貴。

藝術家有很多種，有些藝術家追求虛幻榮華，有些藝術家追求內心的滿足。所以，藝術是人類才藝多元化的展現。我們不應該把藝術單元化，強加一種標準在藝術品上，那是非常沒有趣味的。《哈利波特》（ *Harry Potter* ）的成功，是它能夠順應當時的讀者需要。所以，藝術很多時候是供應（supply）決定需求（demand）的。正如金庸當年寫武俠小說，也是配合當年香港社會、華人社會讀者的中文水平。如果金庸處於今天的華人世界，他的作品可能沒有那麼大影響力了。

反觀今天的流行藝術卻是影視作品，影視作品需要編劇，編劇要有文學功底，文學功底和編劇有什麼關係？有好的文學功底，便容易成為好的編劇。因為文學藝術本身就是好編劇的基本功。如果你沒接受過好的文學藝術教育，便很難編寫出好的劇本，也難以吸引好的讀者。什麼是好的文學藝術教育？好的文藝教育是要知道文學的歷史、文學的技巧。什麼是詩？什麼是詞？什麼是散文？文章的結構、語言表達的法則又是什麼？

這些因果問題其實很簡單，所以，藝術軟實力建基於藝術教育。藝術教育必須從幼兒開始，再按部就班，不斷累積經驗，增強自己的技術能力。有了技術能力，便會有更多的自由，進行不同的創作。所以，藝術不是虛無的，而是很實在的，一步一步慢慢建立的。那麼如何欣

賞藝術呢？什麼藝術是好的或壞的？往往取決於不同的背景和喜好了，並沒有絕對的標準。藝術有趣的地方就是，它完全反映了人類趣味的多元性，而這種多元性可以令社會更有趣和更有深度，也有更多選擇。

藝術家的成功到底是「時勢造英雄」，還是「英雄造時勢」？有很多不一樣的情況。但藝術軟實力是強或弱，仰賴於藝術基礎教育，是毫無疑問的。因此，由幼兒教育開始至小學、中學，必須因材施教，讓學生學習不同的藝術知識，都是和五官有關的。音樂、繪畫和舞蹈都是基本功。就是怎樣用我們的手去創作，怎樣用我們的耳朵聆聽，用我們的眼睛去觀察，並和這個物質世界產生關係。藝術教育的重點在於開發人的五官和手的潛能，之後的藝術創作便是各自修行，以形成自己的藝術風格了。

未來藝術軟實力取決於藝術如何應用新科技，如何結合傳統藝術和新科技去創新一個全新類型的藝術。傳統藝術是被動式觀賞藝術，轉化為沉浸式藝術。但是這個藝術經驗在應用科技之後，如何可以製造不一樣的觀賞經驗？正如當年照片的發明，令大家由傳統油畫雕塑的靜態模式，進入了動態模式。現在我們進入了所謂主動沉浸式藝術，是一個綜合類型的藝術形態。你需要傳統藝術的基本技巧，再結合新科技沉浸式聲音、沉浸式影像與及互動模式，把手機的平板經驗變成空間經驗。這就是未來藝術軟實力最重要的地方。

未來藝術軟實力必須建基於滲透在生活應用方面。藝術不應該只停留在一個消費和投資產品。而更應該變成生活上應用的一個模式，這就是藝術科技其中一個特色，即它如何利用藝

術科技的技術應用於教育、應用於醫療、應用於生活上不同的需要。製造大家生活上新的體驗。脫離只是停留在觀看手機，利用手指滑動手機平面的單調體驗，帶來人類更多沉浸式的立體藝術觀感。

藝術變成動態影像已不稀奇，進一步應是如何透過藝術科技和工藝結合，製造一個全新類型的感受。這就是未來藝術發展的一個非常重要的定位。未來藝術軟實力必須建基於傳統工藝與新類型藝術的結合，並在應用上更加廣泛地滲透在人類的生活裏面，才能建立真正強大而具實際社會意義的藝術軟實力。

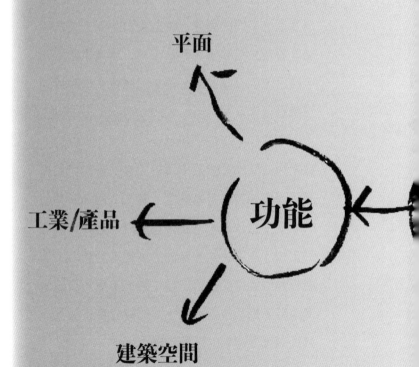

平面

工業/産品

功能

建築空間

幾何

比例

顏色

設計的英文是 Design，中文的「設」和「計」則有計算的成分，也有設定的含意。這個詞彙說出設計軟實力為什麼這麼重要，因為在新經濟年代，在新的政治經濟形態下，設計的能力往往會決定一個國家的軟實力。軟實力大國都有強勁的設計能力，例如美國、日本、西歐諸國等，都具備非常強大的設計力量。蘋果公司就是一

個典型的例子。它只是一間科技公司，而是透過設計，並應用科技去創造一種美學價值，從而在市場形成一股影響力。

設計基本功很多時候就是來自視覺設計、平面設計。平面設計應用在手機的平面上、電視機的平面上，任何一件我們眼睛看見的東西都會和視覺設計有關。西方的視覺設計概念主要來自德國包浩斯（Bauhaus）。包浩斯是工業主義出現後，在德國設立的一間藝術設計學校，它的宗旨是社會主義的，即是希望透過大量生產的模式，設計出更多的產品，讓更多人享用，而不是為了賺更多的錢。

後來，包浩斯有很多老師都移民到美國。美國於是吸收了包浩斯的設計美學，並開始建立自己的設計軟實力。二次世界大戰之後，包浩斯

的老師們又在美國不同的大學開設設計課程，
其設計美學也在其他工業大國，例如歐美、日
本等開花結果。所以說，西方目前的設計軟實
力都是建基於包浩斯之上。

要了解西方的設計軟實力，必須從研究包浩斯
的設計教育理論開始。最特別的是包浩斯本身
是信奉社會主義的，它的目標不是為資本家服
務，而是為人民服務。美國吸收了它的設計知
識之後，卻轉化為資本家服務。蘋果聯合創辦
人喬布斯（Steve Jobs）多次說過，他很受包
浩斯的影響。包浩斯相信設計和功能的關係，
比如學習了設計基本功：顏色、幾何圖案、物
料、比例等基本元素之後，才能進化成不同的
創作。由平面設計到工業設計、產品設計、建
築設計，都是根據這幾個基本元素而構成的，
這幾個基本元素啟發了我們對物質文明的認知。

設計軟實力的建立亦是一個團隊的建立。一個設計大師背後要有一個非常強大的設計團隊。正如蘋果本身就是一間設計公司，小米也是一間設計主導的公司。未來的軟實力是由設計帶動的，故此，是否有足夠的高質素設計人才、創作人才、經營人才、管理人才，是一個非常重要的因素。小米在短短數年之內能在中國乃至世界市場產生一定的影響力，便是透過設計和應用科技而達致的。小米的特色就是能夠做到，以價廉物美的方法，去創造更好的生活體驗。

另外一個設計軟實力的例子，就是法國的 LVMH 集團，該集團擁有世界最主要的名牌。由於亞太經濟崛起，人們對西方名牌趨之若鶩，產生了大象經濟效益。這些名牌以服務新興中產階級對精品的追求為定位，所以，設計

被應用在更廣泛的經濟領域中，尤其是有了科技協助之後。但科技經常在變，而設計語言和設計教學原理是永恆不變的。那麼，如何建立設計軟實力呢？要由學校開始。很多歐洲國家的設計力很強，就是因為他們從中小學已經開始對學生進行設計教育和美學教育。

設計軟實力的建立有幾個方面，一是學習基本功，即包浩斯所教的顏色、幾何圖案、物料、比例等基本功。此外，就是要看得多，並看好的作品。什麼是好的作品？博物館裏面便有好的作品。

韓國就更不用說。韓國推動科技產業需要設計配合。所以，他們的設計學院對設計課程的內容非常重視。設計軟實力的特色就是它要有文化底蘊的。有文化底蘊的社會，自然也重視設

計，因為設計直接影響到一個社會的競爭力強弱。

近年來，中國的軟實力提升，不但因為中國加強了美藝教育，並協助建立了一個龐大而基本功很強的團隊，還因為中國建立了非常多的博物館。以上海為例，它目前的博物館總面積已經超過倫敦、紐約的。面積大，且頻頻舉辦高質素的設計美藝相關展覽，不少達到世界級水平。

人民看設計展覽看多，其設計能力自然會提升。台灣的設計力近二十年大大提升，其中一個原因就是台灣的設計學院都是由實踐者、執業設計師主導的，課程也配合產業的需要。而最重要的一點是，台灣大量拓展博物館空間。單單台北市，已經有台北市美術館、故宮博物

院、歷史博物館等，並定期舉辦一些展期長、又具規模的主題性展覽。由埃及文明、瑪雅文明、印象主義、超現實主義、建築設計、數碼藝術等等，各種形式都能長時期在一個具規模的博物館中展出，而且也規定中小學組織學生去參觀。整個社會對設計的需求、對美藝的追求，自然提升。在培養民眾設計美藝知識，在栽培設計專才上，都取得全方位的提升。故此，你看看台灣由包裝設計、字體設計，以至近年政治選舉上的文宣設計、廣告海報等等，都有極大的進步。

除了平面設計外，你看看中國近年的建築設計，就能看見其設計軟實力的大大提升了。中國有幾千年歷史，文化底氣濃厚，有助在設計上不斷推陳出新。她吸收了日本的東洋元素，再思考如何將中國傳統美學現代化。而中國傳

統美學觀和西方的最大分別是，中國是由抽象的概念開始的，比如《易經》的陰和陽概念，而不是從物質性出發。

第二個特色是書法。書法是中國設計的基本功，任何人拿起一支毛筆，都可以寫字。而透過寫字建立個人的審美觀。所以，你看看中國傳統城市裏面，有很多文字，文字成為城市的主角。以前的香港也是一個文字城市，上世紀二、三十年代以至六、七十年代的招牌和霓虹光管，整個城市都佈滿文字。文字教曉了我們對比例的認知。

很多時候，中國人理解的創意並不像西方般，是可以量度的。中國文化上的創意，尤其是美藝，是透過實踐累積起來的，並沒有一個絕對的準則。例如寫字，你可以寫行書，也可以寫

草書或楷書，它們都有自己的美學體系，不存在這個比那個更好，只是形式及予人的感受不一樣罷了。你看看王羲之的行書作品，從西方角度來看，這些都是草稿。但他書寫的功力，是經過很多年累積起來的。一幅行書作品，他可能只需要三、四分鐘書寫，但這三、四分鐘是建基於多年功力上。正如中國傳統戲曲中說「台上一分鐘、台下十年功」的意思。

在新科技的挑戰下，設計在未來變得更加重要，更要不斷演變和推陳出新。近年來，Android 系統和蘋果這些品牌，在用戶平面視覺體驗上，做了很多工夫，增加了競爭力。這一方面，西方仍然是領先的。科技和人類的未來關係應該是怎樣的？比如未來的手機如何演變？手機的演變對我們的視覺、對我們的生活會有怎樣的影響？

中國在硬體設計和工業設計上，已經追上西方。你看看華為和小米設計的手機，現在需要進行的就是所謂平面軟體的設計，中國仍然需要 Android 或蘋果所設計的一些配件。這些配件如何組成？裏面涉及很多組織的問題，也涉及一個美學習慣的問題。即是說，我們能否把中國獨特的書法美學，融入手機身上呢？將來的手機是否不會有所謂固定的設計形態呢？每一個人都好像書法一樣，手機變成了一個水墨畫的平面，我們的手指變成毛筆，透過我們的思想在上面創新呢？又或者說，再發展下去，手機會慢慢消失，變成了一副眼鏡或者僅僅只是一種思維體驗。這些都是未來科技能夠做到的。

無論如何，設計基本功最重要。即是說，東方中國的書法美學，我們仍然需要實習和實踐。

西方的包浩斯美學也需要學習。但要取東西方兩家之長，才能建立一個更文明、更有高度的設計軟實力團隊。

有人覺得西方的程式員對美學的掌握更好，所以他們的數碼美學更有吸引力，其數碼動畫也更有美藝質感。這一方面，日本仍然是非常強大的。這個動漫世界背後也是設計軟實力的展現。即時說，未來軟實力的展現，是需要懂程式的設計員和美藝結合起來，如此才會形成更強大的設計軟實力。

《包浩斯宣言》（Bauhaus Manifesto）說：「建築是設計最高的目標。」換言之，設計軟實力實踐在建築之上。的而且確，建築軟實力是很重要的。因為我們不可能生活在智能電話裏面，但是，我們必須生活在空間中。如何在城

市中設計一個空間？在高密度社會下，設計住
宅、設計公共空間、設計生活空間，都非常重
要。而且它會影響人的質素，在現實層面中設
計，乃改善民生的方法之一。

一個管治效率高的政府，必須懂得用設計改善
人民的生活，改善政府的服務質素。這可以由
一張政府報稅單開始，以至一張鈔票的設計、
身份證的設計、護照的設計、郵票的設計、政
府建築物的設計、政府網頁設計等等。而這些
設計的目的，首先就是要做好和民眾的溝通；
其次是讓民眾感受到政府的關心和溫暖。公共
空間的設計尤其重要。在高密度生活的情況
下，我們居住的空間越來越小，需要有公共空
間來補充。故此，戶外公共空間的實踐，非常
重要。

新加坡近年來把他們的大排檔小食發展成世界文化遺產，就是他們透過設計，改善了傳統小販大排檔的衛生環境與通風設備，形成了新加坡式價廉物美的小食文化，而且有具質素的公共空間。故此，她的這項世界文化遺產，並不只是政治包裝，而是實實在在地令新加坡人民和世界各地的旅客，感受到其對傳統小食和大排檔的用心研究和開發。

那麼有人會問：AI 出現之後，它會否代替了人類的設計？我相信 AI 在未來的設計領域，必然扮演重要的角色。始終，它可以協助人類進行更有效和更有趣的設計。結合了大數據和 AI，會出現一個怎樣的設計生態？在未來，會否有很多的設計都不是由人設計的，而是由 AI 和大數據促成的？這個當然有可能。但是，大數據卻是由人類發明的，我們輸入什

麼資料進入大數據，它便會產生什麼出來。這個就是因果問題：種什麼因就有什麼的果。如果我們現在用最好的包浩斯設計美學、結合東方的簡約美學，再引進更強的環保意識去培訓 AI，那麼，即使未來的設計世界由 AI 主導，人類也可從中得到更多的利益。

對未來的想像可以是無限的，正如在上世紀三、四十年代，Dick Tracy 漫畫已經提及用手錶進行通話。大家當時覺得是天方夜譚。到了今天，我們拿著 Apple Watch 已經可以進行電話通話了。所以，我們不要低估人類的想像力。那麼，AI 會有想像力嗎？可以像人類一樣，會想像未來嗎？還是 AI 只是活在當下呢？這個也是一個設計問題。

為什麼呢？因為設計到底是為了當下？還是為

了未來？當然，有些設計師是具前瞻性，敢於想像未來，也有一些設計師是應對當下問題的。設計雖然五花八門，但回到設計的初心，就是改善人類的生活質素、令世界變得更環保、更美好。要建立這種軟實力、要更好地發揮設計效應，認識設計的功能及其消費者，才是最重要的。

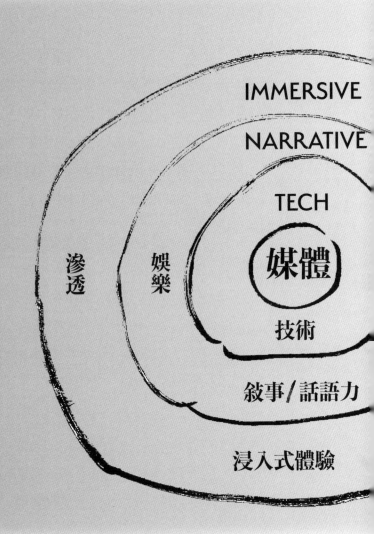

IMMERSIVE

NARRATIVE

TECH

媒體

技術

敍事/話語力

浸入式體驗

滲透

娛樂

MEDIA
SOFT POWER

媒體 軟實力

新聞　包裝

上世紀九十年代是西方媒體軟實力最強盛的時期，當時，數碼社交媒體仍未出現。當時傳統的西方媒體運作進入了一個非常成熟的時期。由記者、編輯、主導新聞產生的過程，電視台、電台和報社等的分工也比較清晰和明確，並且有一套比較穩定的體系去進行。重視資深記者的豐富經驗，由他們報道出來的新聞也可達到

深入的層次。

然而,在政治化妝師(Spin Doctor)出現之後,西方的媒體生態開始急劇惡化。就是很多原本做媒體的人轉去做大企業或政客的軍師,透過政治手段去影響媒體的運作,也造成很多資深媒體工作者流失,因為後者薪酬更吸引,而影響力有時候比媒體還要大。因為,他們就是背後的操盤人。

踏入二千年,社交媒體的出現,進一步令西方媒體走向膚淺化和低俗化。因為媒體要獲取更大的增長,就要將新聞採訪狗仔隊(Paparazzi)化,即是小報化。任何新聞都要誇張放大,甚至以未審先判的形式進行,以營造一個氛圍,以致西方媒體生態開始改變,變得越來越嘩眾取寵、越來越情緒主導。尤其是

在 2001 年的「九一一事件」之後，美國更出現一個非常不穩定的心理狀態。因為兩棟世貿大樓一下子被擊倒了。但是，他們連由誰負責主導這宗事件，到今天仍然不是十分清楚，便盲目去攻打伊拉克和阿富汗了。

這個西方新聞媒體的質素日益沒落，對比之下，娛樂影響力卻越來越大。政治新聞娛樂化，有關 3D 電影、遊戲機等官能刺激性娛樂資訊大量湧現。媒體已經失去了從前以思想為主導的崇高地位。

上世紀六十年代開始，西方媒體文化是金字塔式，即是由精英主導，他們帶動著整個媒體發展。但是，隨著科技的發展以及消費主義的興起，媒體報道取向變成由群眾的口味主導，並不是由少數精英來決定大眾該看什麼和應知道

什麼。而群眾口味主導的後果卻是更容易被操控。以近年出現的社交媒體如 Facebook 等為例，你可以看到一系列透過社交媒體發佈的信息如何操控輿論和影響選民的思想。群眾是很容易被影響的，因為他們比較情緒化。

而且，近年西方社會喜歡強調所謂的「政治正確」，例如你經常要表態、要用語言去反對一件事，你不可以說中立，因為中立也會成為一個罪犯這個概念在近年的西方媒體上興起。而媒體的功能變成道德審判，多於報道事實和釐清真相。故此，有很多和性別和種族有關的事件報道，便很容易跌入了這個圈套。你不馬上表態、你不用政治正確的語言，你便是錯誤。政治正確比言論自由更重要、比思想自由更重要。這是過去十年西方媒體的一個核心性變化。

媒體是一個法治社會、自由社會的文明指標，所以，媒體軟實力很重要，其重要性在於它會影響群眾的思維方式或思想。但是，當媒體報道變成娛樂化後，其監督政府的功能必遭削弱，必須有一個比政府更廉潔、更理性、更專業、更優秀的新聞媒體，才能夠起到真正的監察作用。

然而，由於媒體背後涉及各種經濟利益，於是其道德光環變成只是包裝，媒體變質也一件很自然的事。當我們知道了媒體的本質和變化，作為一個個體，我們便不會那麼容易受誤導乃至操控。

但是，我們有能力分析媒體提供的資訊是對是錯嗎？所以，媒體教育非常重要，應該是語文教育、基礎教育的一部分。媒體用怎樣的語言？

用怎樣的標題？其實也有一些方程式可以參考。我們應該讓年輕人了解這些語言背後想傳遞的信息，新聞自由這個姿勢的背後含意是什麼。

媒體工作者在今日的西方資本主義、消費主義社會的發展空間已越來越小。因為在政治化妝術流行之下，媒體的內容質素並不重要，許多媒體工作者最終的目標也不是成為一個資深記者，或者以媒體為終身職業，而是變身為政治顧問之類。

英國媒體的變質，由貝理雅政府開始，顯而易見。大量媒體人才流向政治，變成了政治控制媒體。媒體工作者受政治控制的危險，在於只注重語言藝術和姿勢包裝，不重視政客的實際管治能力。政客只要能夠維持一定程度的民望便足夠了。實際管治是好是壞？政治危機就留

待下一位選出來的人去處理吧！這就是目前西方媒體影響力下降的一個主要原因。媒體工作者的流動性太高，背後的經濟利益影響太大，已失去自主的能力。

大約十多年前，在大數據出現後，媒體再次出現了核心性的變化。因為大數據就是新類型的新聞。怎樣組織大數據？當大數據結合 AI 技術之後，AI 就可以取代記者或者變成資訊本身。媒體機構可能演變為一個提供發佈資訊的平台，而不會有主導式報道。這類報道是否仍然存在？隨著資訊越來越多，你根本無暇顧及，只可以選擇性地看想看什麼？或你不想看什麼？

以前英國 BBC 這種公營廣播理念，就是希望透過資源獨立和有充足的資源下進行獨立而專

業的採訪和報道。但是，隨著流行文化興起，以及大型媒體與資訊機構合併或結盟，公營媒體的定位和影響力已慢慢下降。它已經變成了附屬於科技公司的一個內容提供者，而不能夠主導新聞報道。

回頭看看西方媒體發展史，上世紀八十年代已經在推動環保，但消費主義社會並沒有停下來。原因就是媒體本身就是要去刺激消費，而不是令大家安靜下來，助社會節省資源。矛盾的是，很多時候媒體要從「政治正確」的角度去包裝新聞，就等於把問題解決了。這正正是人類質素下降的其中一個原因，就是我們花費大量時間於娛樂消費上，缺乏時間和行動去處理實際的問題。我們以為在社交媒體按一個 like、表一個態，就是政治正確了。我們以為做一個姿勢就等於盡了公民責任。這個狀況就

是科技取代媒體的結果。

你說蘋果（Apple Inc）是一間媒體公司嗎？似乎不是，但它對媒體的影響非常巨大。蘋果有足夠的資金把媒體機構買下來。正如亞馬遜（Amazon）創辦人貝佐斯（Jeff Bezos）買下《華盛頓郵報》般，變成他擁有的其中一家公司，而發揮不同的影響力。我們要頭腦清醒，要知道每一間媒體機構背後都有它的利益出發點，這樣，看它的新聞報道，便大約知道其動機。我們要培養更多公民懂得分辨這些訊息，這是非常重要的。

媒體如何轉型？記者要如何定位和發展？媒體有沒有一個健全的平台，讓他們像律師、醫生或法官那樣，令專業知識得以應用？記者有時候比法官還要厲害，他寫一篇新聞可能就可以

令一個人身敗名裂，或者令一件事由壞變好、由好變壞。如果記者有法官般的權力，影響可謂非同小可，這當中也涉及一個非常重要的職業道德問題。

記者協會應該是提供專業標準的 QC（品質控制）平台。但由於記者流動量大、流失率高，記者的專業性也日益下降，造成一種惡性循環：就是大家對新聞報道沒有信心，大家都知道新聞背後都是一些非常膚淺的利益關係。所以，新聞的製作過程粗糙，似乎也變成理所當然了。

媒體影響力另一個發展方向是如何變成智庫。即是說，提供的新聞資訊可以刺激人們的思想，促使大家更有建設性地去思考社會問題，而不是設定一個立場去支持或者反對。這個媒體模式會否出現呢？可以在什麼地方出現呢？

這正是消費主義社會的一個矛盾。因為媒體的目的是刺激消費，而不是刺激思想；是刺激你的慾望，而不是削弱你的慾望。在這個後疫情時代，媒體機構也需要重新思考自己的定位，它應提供怎樣的內容？應該發揮怎樣的影響力？記者如何更好地發揮作用？等等。

西方媒體失去了它的道德高位，是因為消費主義令媒體失去了中立性，未能夠真正持平地去報道新聞。這也是近年俄羅斯不少記者面對的情況，就是他們的報道有機會導致自己變成了烈士或犧牲者。在那個體系，進行媒體工作是不容易的。

隨著科技的演變、資訊的自由流傳、發放、交換，新聞編採不再一樣。有一個很有趣的例子，就是日本新聞界的報道流程其實是很有系

統的。因為她是一個非常精密的新聞發放批發體系，新聞是透過批發模式，批發給不同報社和通訊社的記者，再經編輯而報道出來。正如日本的產品一樣，有一個非常細緻的生產過程。記者不一定可主導報道，而是配合某一個政治派別和經濟派別的需要而進行的。因為日本有一些非主流媒體如小報，背後都有社團背景的。只有具社團背景的人才能夠有那種力量去挖掘到一些非主流新聞或者醜聞，並報道出來。

每個國家的媒體生態都不一樣，研究不同國家的媒體生態是十分必要的。例如新加坡近年有一個發展方向，就是媒體學習英國《衛報》（Guardian）的運作模式，把它當成非營利的基金會般運作，即是說，媒體變成一個非營利集團。《衛報》的模式十分有趣，其始創人都信奉社會主義乃至共產主義。他們創辦《衛

報》的宗旨是監察政府，也不想依靠企業。於是，透過市場營銷和讀者訂閱（subscription）和成立營運基金這個模式來維持營運。該模式在英國可行，但在新加坡可行嗎？隨著新加坡民智的提升，你會發現新加坡有條件去支持一個小型非營利平台。

韓國的眾籌媒體也非常活躍。有很多媒體能夠籌集社會資金，不用受財團直接操控，由記者或非營利組織的主持人負責管理。一些眾籌媒體也有很大的影響力。近年韓國有一些醜聞，都是經這些眾籌媒體揭發出來。故此，眾籌媒體是另外一個非常值得重視的媒體。但是說到底，記者專業化、記者的新聞質素，以及記者主導營運模式，是未來任何一個媒體機構都必須思考的。

文化
交流模式

文化交流
人才培育 ——

合作　C

↑

交流　E

↑

溝通　C

↑

網絡　N

↑

外交軟實力

外交 軟實力

文化
價值觀

外交軟實力的構成有幾個
部分，最重要的部分是
文化交流軟實力。冷戰
期間，歐美國家建立了
一個非常完善的文化外
交體系，例如美國的美
國新聞處（United States
Information Service，簡
稱 USIS）。它的定位就
是冷戰期間，在全世界各
地，透過美國領事館或大
使館設立的一個文化交流
平台，其它的功能並不只

是輸出美國文化，而是協助當地自由世界的藝
術家和文化工作者進行藝術創作。有很多著
名的藝術家、小說家都曾受惠於 USIS 這個模
式。冷戰結束後，列根總統和美國保守派大幅
刪減 USIS 的文化預算，因此現在的影響力幾
乎接近零。故此，美國的外交文化軟實力慢慢
在減弱，其中一個主要原因就是 USIS 影響力
的下降。

當然，美國有非常強大的基金會文化。索羅
斯的開放社會基金會（George Soros Open
Society Foundation）、福特基金會（Ford
Foundation）、洛克菲勒基金會（Rockefeller
Foundation）等各式各樣的美國基金會，過去
幾十年來一直支持不同形式的文化藝術交流活
動。例如洛克菲勒基金會下面的亞洲協會，就
是一個非常重要的文化交流平台。他們以「以

人為本」的交流模式，透過獎學金資助亞洲年輕藝術家、建築師、設計師到美國考察或遊學。另外，安排他們居住在紐約、華盛頓等地方，進行幾個月甚至更長時間的生活體驗。Fulbright Scholarship 也是另外一種屬學術層面的資助模式，就是讓學者和美國建立網絡聯繫。

這個文化外交上的網絡聯繫，隨著全球化、大企業的崛起而慢慢減弱。因為美國的大企業已經掌控了這些國際資源，像 Apple、Google、Facebook、Microsoft 這些科技公司已經掌握了直接參與影響文化的能力，而他們背後追求的雖然是經濟利益，但也同時獲得文化上的認同。經濟利益並不一定和美國國家的外交利益掛鈎的，所以上述例子是一個很特別的情況。

另外，歐美文化外交體系除了美國模式外，德國的歌德學院（Goethe-Institut）也是一個非常重要的模式。它在冷戰時期出現，在不同地方設立歌德學院，以教授德語為本，再進行不同層次的德國文化推廣，但它最特別的地方是以世界文化為中心。例如歌德學院在京都的中心，是開放給全世界的藝術家，可以申請駐場創作，也可以申請在京都的歌德學院居住。所以，歌德學院的功能有點像一個文化熔爐，就是融合不同文化，透過歌德學院建立平台，讓不同的文化進行交流和互動。故此，歌德學院是當代一個非常重要的文化推手。它並不是大規模地推廣德國文化，而是促進不同的文化交流，並進行不同形式的互動和合作。

另外一個就是 DAAD（德國學術交流資訊中心），它是德國專門推動研究層面的學術交流

平台。全世界的年輕學者都可以透過這個獎學金，申請到德國進修或進行不同形式的研究。

文化外交軟實力和學術有著非常密切的關係。因為在未來，學術人才就是影響政府、影響社會發展的非常重要人物。故此，透過學術交流去建立一個學術網絡，正是文化外交非常重要的成果。因為外交的目的就是建立網絡、建立關係，促進對話、互信。透過這些關係網絡，促進理性的影響和滲透。負面一點來說，它是一種比較陽光化的間諜活動，是透過這些網絡收集世界不同地方的資料和情報，並建立關係。當任何國與國之間的發生衝突，就可以透過外交去紓緩或解決一些對立問題。而外交的目的就是避免戰爭，外交軟實力就是透過分析、商討去建立的。

新加坡的外交軟實力可說是世界典範。小小的一個國家，卻能贏得東西方的信任，這正是新加坡長期建立起來的軟實力，而她並不是要做一哥，而是要做一個促成對話、溝通的中介者，她也是亞太地區外交官的培訓平台。長期默默耕耘，創造很多給亞洲外交官學習的機會。這個結果令新加坡對亞太地區的外交關係有起著重大的影響力。這一方面是非常值得其他國家參考的。

外交本身就是一個文化問題。所以，你要去了解對方，就算對方是你的敵人，也要從你的敵人身上著手。西方在文化外交上大勝，就是他們明白東歐封閉式管治造成的社會效果不理想。而透過文化外交影響力，爭取到東歐學術界和知識份子的支持。經過長年累月的滲透和影響，封閉的東歐鐵幕體系慢慢被溶化至最終

瓦解，這正是外交策略上取得的成功。

美國外交之王基辛格（Henry Kissinger）出版了多本關於外交關係的著作，當中有提及1971年的「乒乓外交」以及尼克遜（Richard Nixon）訪華的一些背景。毛澤東當然是偉人，因為他想得很大，能夠推動範式轉移，並能夠在「文革」這種狀態下，決定將中國的大門開放。如果沒有毛澤東去開啟中美外交這扇大門，鄧小平也很難推動真正的改革開放。可見，毛澤東的視野不狹窄，他能夠很實際地去思考國家利益和國際問題，從而作出一個精明的抉擇。因為沒有乒乓外交、沒有中美建交在先，後來的改革開放很難順利進行。而如果沒有改革開放，中國的經濟也很難達到今天的水平。

外交關係是一個國家軟實力非常重要的基石。
而培養外交家、培養文化外交能力，更加是一
門非常高深的學問。它並不只是辦一些藝術交
易活動，用金錢買回來的關係，而是去爭取
信任。你要去建立一套理論基礎，令對方了
解你的情況和理解你的做法。故此，孔子學
院（Confucius Institute）是一個非常重要的案
例。

孔子學院本來效法歌德學院之類，在世界不同
大學推動中文教育，從而加強中國文化的影響
力。但孔子學院有些中心不太成功，也有一些
中心變成只是一個活動中心，並沒有達到實質
的效果。然而，設立孔子學院的方向是對的。
正如改革開放是對的，但是在改革開放過程
中，必然會出現不同的困難和問題。所以，外
交軟實力必須要建立在文化軟實力之上。不同

社會有不同的文化軟實力，歐盟也有一些模式，例如歐盟文化之都（European Capital of Culture），讓不同的歐盟城市去爭取，成立文化之都，去主辦不同的文化交流活動。

現在，隨著互聯網的普及，文化藝術節這種模式是否仍然可行？值得反思，因為透過網絡，我們已經可以看到全世界不同類型的文化藝術活動。故此，在後疫情的情況下，需要重新思考文化藝術節這種傳統文化交流模式，是否應該建立更多文化共享的發展平台？而並不只是交換文化產品那種表面化的文化交易。這可能最終導致人類生活模式的改變。旅遊發達的結果是，透過舉辦文化藝術節，能夠在同一個時期展示世界不同的文化面貌。

過去十年，旅遊業很發達。人們去過很多地

方，YouTube 的盛行也令大家可以即時在家中欣賞全世界不同的文化活動盛會。透過互聯網，你可以遊北京，又可以隨即轉到東京漫遊，也可以到里約熱內盧散步。故此，今後的文化外交方向應該是促進實地體驗。交換生是其中一種。但是如何突破單純的旅行體驗模式，是一個重要的課題。

外交人才當然是由語言開始。因為你要認識其他國家的文化，必須由語言入手。所以語言人才非常重要。一個國家不可以依靠 Google Translate 去進行溝通和宣傳。像中國這樣一個大國，需要有很多不同類型的語言人才，由北歐語言、中東不同體系語言、印度語言等等，各式各樣的都要有。「一帶一路」沿線國家所用的語言就多達幾百種。所以，如何能夠在語言上建立溝通關係，也是十分重要的。

英文當然是國際語言，但是，你想更深入的了解，必須細化語言模式，學習分工。語言學習是文化學習之始。你看看美國的大學體制，他們有非常複雜和龐大的語言學習體系：波斯語、拉丁語、希臘語、中東各種語言，都有專門的學者去負責。

有一個有趣的例子，作家村上春樹近年成為日本軟實力的一個案例，就是因為美國的日本東方語言學系的教授都把他的作品譯成英文，在市場暢銷，形成了村上春樹熱潮。這正是語言翻譯的文化軟實力。

諾貝爾（Nobel）文學獎本身也是一個文化外交活動。西方用諾貝爾文學獎作為榮譽去確認作家的地位，該活動也成為每年一個話題。當然，隨著互聯網以及各式各樣娛樂項目的發

展，文學的影響力已大大下降。從前蘇聯封閉式體系的文學模式，現在基本上是不可能。因為在科技世界裏，沒有東西可以被完全禁制，它始終會找到一個空間去發展。

文化外交在這個新科技和多元文化的互動與交流之下，需要作出哪些改革？有幾個重點：如果是小國家，像新加坡，你便需要有一個具體的定位和策略。因為一個小國去建立外交軟實力，必然需要專注和抓住重點。因為你要面對眾多城邦的利益。像中國這樣大的國家，它當然要有一個大國的氣勢和全方位的外交人才，才能面對和處理世界性問題，比如非洲、亞洲、北歐等國家都有不同的民族文化背景。故此，外交關係背後就需要建立很強的文化藝術交流平台和團隊。而且，平台必須由認識文化藝術人士主導，而不是辦一些表面性的文化藝

術包裝活動就可以。

一個國際文化藝術中心，背後就是一個強大的文化外交。而強大的文化外交背後，就是強大的外交政策。所以，制定文化藝術交流政策的時候，不但要規定文化藝術交流活動的量，還要考慮如何加強一個社會的外交軟實力。

怎樣才能有效？首先，當然是要有長遠目標。長遠目標就是要建立網絡和人事影響力。第二個目標就是透過交流和合作，推動文化創新，建立更多信任和製造正能量。外交的目的就是製造正能量，解決紛爭。所以，文化交流的重點就是，創造對話機會，消除誤會和化解對立局面，此乃外交軟實力的根本。

SOFT PO

ANALYSIS

軟實力

WER

分析

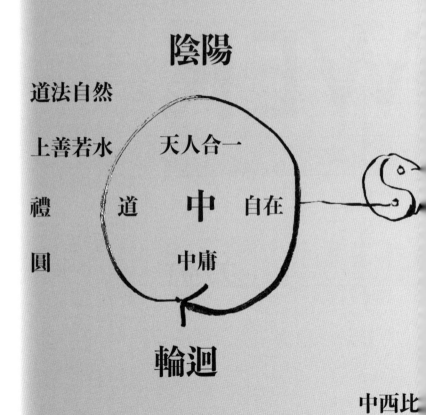

陰陽

道法自然

上善若水　　　天人合一

禮　　　道　中　自在

圓　　　　中庸

輪迴

中西比

二極 勝利

↑ 征服

西 創造世界

不斷進步

絕對紀律

直 信仰

西方軟實力是經過一百多年的演變和發展出來的。由電的發明開始，以至後來出現的電報、收音機、電影、電視、電腦、手提電話、互聯網，到今天整個由電子操控和主導的生態。故此，科技是西方軟實力建立的一個基本。

那麼，我們要了解西方的軟實力，除了他們的日常產品以外，例如音樂劇、

電影、各式各樣的流行文化和媒體內容以外，
更需要明白西方軟實力其實有分工的。科技是
一個帶動不同內容和訊息的載體，它提供了一
個基本架構，像一個交通網絡般，令不同類型
的訊息，透過不同的渠道，去進行滲透和而產
生影響。

西方軟實力的基本功來自幾個方面：一個是科
技，一個就是教育。那麼，我們說的教育也分
有不同的層次：從幼兒教育、中小學教育到大
學教育，各有分工。今天，我們生活的這個世
界，所實行的教育體制基本上都是依據西方的
格局。

以前不同類型的教學模式，尤其是中國傳統的
教學模式，基本上已經失傳。反而韓國和日本
倒是保存著某類型的傳統教學、傳授家學的模

式。那麼，西方教育模式的特色有幾種？第一種就是將所有課程統一化、制度化、系統化，並由此衍生一個所謂教育生態。在這個教育生態裏面，西方的優勢就是透過教育去尋找一個最低標準，包括統一的考試制度和模式，目的就是把人統一在一個平台上面。大量製造所需要的人才。

然而，西方除了普及教育，大量生產人力資源的模式以外，也有幾個分工，一個是技術分工。你看看德國、甚至美國，目前仍然保持著技工訓練的體系。而大學裏面也非常重視對技工的支援。因為做任何一個科學實驗也好，或者是科技創新，技工的協助是非常重要的。但西方的精英教育也是一個非常重要的體系，它為西方培養了大量人才。而且在全球化下，對全球進行知識傳播，也產生了很重要而積極的

作用。

諾貝爾獎（The Nobel Prize）就是西方軟實力
的一個展示。諾貝爾的歷史也就是西方軟實力
的歷史。拿到諾貝爾獎就代表你在西方的精英
制度裏面佔據了天下第一的位置。因此，每年
宣佈諾貝爾獎結果及其後來的頒獎禮都成為全
球關注的大事。

科學界別在諾貝爾獎是非常佔優的，因為它的
獎項基本上大部分都是和科學和醫學有關的，
其他和人文科學有關的是經濟獎和文學獎。但
是，諾貝爾獎設立初期，經濟學和文學都只是
一個新興學科。發展多年，整個人文科學的生
態也產生了巨大的變化。而諾貝爾經濟學獎的
得主，並不是純經濟學的，裏面也涉獵了很多
和社會心理學、各式各樣人類行為有關的。所

以，你可以說：諾貝爾經濟學獎得主，都是從
經濟角度去分析人類社會變化的一些人文學
者。

文學獎又是另一個故事了。隨著科技的發展，
文學的滲透力已經慢慢減弱，所謂嚴肅文學的
地位也慢慢在下降，並被其他藝術形式所取
代。故此，我們要明白西方比東方優勝的地方
是：西方非常強調體系。諾貝爾獎就是一個體
系，它建立並塑造了權威性。西方的大學也是
以一個體系去吸納各類精英。所以，體系與體
系之間的競爭亦非常重要。

由於東方較強調個人發展，尤其是中國，從前
說因材施教，或者是家學，有各門各派，各自
精彩，並沒有尋求一個所謂統一標準。正如弄
一碟咕嚕肉，不同人有不同的方法，有軟有

硬，有些味重一點，有些清淡一點。所以，在
中國傳統文化裏，並沒有絕對標準。就是這種
咕嚕肉的味道可以是最好的，但叉燒也可以有
另一種最好的。而所謂天下第一這個概念，也
是抽象的。因為當時還沒有互聯網或大眾媒體
去大力宣傳「天下第一」，都只是民間傳說或
者傳聞而已。

所以，西方為什麼能夠這麼迅速地進行全球殖
民化，就是歐洲多年來頻仍的戰爭，形成了團
隊這個概念。於是他們利用團隊和組織，到全
世界推動不同的殖民戰爭，以及掠奪不同的地
方。所以說，西方最強的是組織戰，即是說，
他們能夠形成一個體系，尤其是在軍事方面。

大家要明白，西歐大陸幾百年來都不停地打
仗。不同的大國或小國與小國之間發生不同的

戰爭。戰爭的結果就是令西方產生了一個很強的團隊概念，而這個團隊正正就是建立他們軍事硬實力的基本。

軍事硬實力以外，拿破崙時代也建立了一個文化軟實力體制。拿破崙設立了法蘭西學院、教育學院，以及博物館等軟實體，強化了西方文化的影響力。後來，基督教本身也形成一個軟實力體系。所以，這個體系之戰，由軍事延伸到教育、再到宗教，形成了一個很大的平台。進入了這個平台或組織之後，就不單只是一加一等於二，而是變得很大了。

例如天主教的耶穌會。那是非常重視教育的宗教組織，其目的是到全世界傳教，也是建基於教育上。透過教育去宣揚教義。但耶穌會的一個特色，他們不是透過軍事佔領，而是通過潛

移默化去影響你。耶穌會意大利籍神父利瑪竇
（Matteo Ricci）就是一個經典的例子。

利瑪竇來到中國之後，希望在中國建立一個教
育平台，再透過這個平台進行傳教工作，去感
染中國人。而耶穌會本身也是一個組織。所
以，我們想了解西方軟實力，必須研究西方的
組織或體系。大學教育、職業教育以及其他不
同專業層面的教育，都各自形成不同的體系。
工業革命以後，也產生了另外一些新組織，就
是由專業人士構成的組織，例如由建築師、工
程師、醫生等各自成立的專業組織，他們慢慢
制定了專業操守，並各自成為體系。建築師有
建築師的專業操守和考核準則，工程師也有。
而這些操守和準則就成為一個品質的保證。即
是說，你通過了專業考核，說明你達到一定的
專業水平。而這個專業資格也成為品質保證。

這便是西方軟實力的核心，就是透過建立不同的體系，把一些體系標準化、專業化、精英化，並因此帶來所謂品質的保證。而這個保證也令世人對他們有信心。例如基督教學校的教育，無論你是否基督徒，都希望孩子進入基督教學校讀書，因為你覺得讀完後有基本的品質保證。這個透過不同的體系去推動質量保證，是西方軟實力的基本。

但有趣的是，互聯網的設計基本上和工業革命時代所強調的規範是完全相反的。互聯網世界並不重視專業操守，更不講什麼專業道德。它有點像西部牛仔片中的一個大江湖，各人在裏面扮演不同的角色。網絡上也沒有什麼道德可言，其所謂的道德只是一種政治包裝。其所謂的程式編寫員或軟件工程師並不像醫生般，有一個醫生工會或協會去評估其工作能力和表

現，是否達到某一個道德標準與操守指標。相反，在網絡上，基本上做什麼事情都可以。

這一方面釋放了人們的創造力，卻同帶來一個全新的社會形態，例如出現了「黑客」（Hacker）這個角色。他可以像從前的海盜或者羅賓漢一樣劫富濟貧，也可以對體制造成很大的破壞。

在這個新的形態之下，西方軟實力也面對很多的挑戰，就是過多的排名制度，過多的所謂考核制度，導致了形式主義出現。而且，很多排名背後其實是和商業利益掛鈎的，它並不可能單獨存在。例如《米芝蓮指南》（Michelin Guide），以前是單純的法國餐飲精英的一個指標，但全球化之後，背後涉及很多商業利益和計算。當然，一般人是不會知道的。它對於

提升飲食業質素是否真的有效？也存疑問。

但是，從環球旅遊和飲食消費文化角度看，它帶來了一個積極的品牌效應。所以，要了解西方的軟實力，我們必須了解其體制背後的不同設定。了解之後，我們才能夠頭腦清醒地學習西方好的軟實力制度，把西方不好的軟實力制度改良、優化，以建立屬於我們自己、真正強大的軟實力。

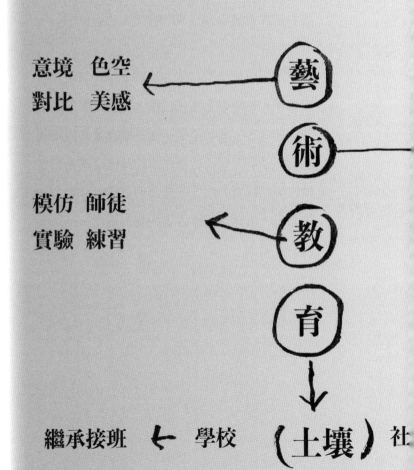

意境　色空
對比　美感 ← 藝

術 ——

模仿　師徒
實驗　練習 ← 教

育 ↓

繼承接班 ← 學校　（土壤）社

ART EDUCATION

SYSTEM 藝術教育 體制

→ 金 → 物質

→ 木 →

→ 水 → 態度

→ 火 → 科技

→ 土 → 自然

→ 公民

藝術軟實力必須建基於健全多元和精英主導的藝術教育體制之上。任何一個軟實力強大的國家，都設有具深厚實力的藝術學院，像美國、日本、德國等這些藝術軟實力強國，都非常重視藝術教育，甚至包括東南亞一些國家。大家只要看看菲律賓、馬來西亞、泰國的藝術學校，其學生的工藝作品如何精細，可見一斑，那是

融合了深厚的傳統文化的。

中國的藝術軟實力也是建基於強大而系統的專業藝術教育上。有人可能認為中國的藝術過份傳統、過份著重於技術而缺乏創新與創意。但是，技術是一切藝術的本源。沒有技術，你就不可能進行更尖端更創新的藝術創作，因為純粹以意念做創作的藝術家少之又少。正如愛因斯坦只有一個，所以絕大部分藝術家都不可能憑空創作，而沒有技術基礎。因此要建立一支軟實力強大的團隊，必須有一個以技術為主導的教育體制。有了技術，自然便會有能力去開發和進行不同類型的創新。

藝術教育學院除了提供基礎教育之外，專業和精英的藝術教育也是非常重要的。例如中國，在國家層面有三大美術學院：北京中央美術學

院、杭州美術學院和廣州美術學院。其他各省市也有不同級別的畫院與美術學院，提供全方位的藝術教育。藝術教育並不只是一些小規模的創作，當你到廣州美術學院雕塑系，你會發覺學生畢業的時候，已經有能力進行超過六米，甚至十米以上的雕塑創作。那是因為有具實戰經驗的藝術家指導和帶動。

一個成功的藝術學院必須有「師父徒弟制」。老師帶著學生，好像文藝復興時期的師徒制般。很多大師，例如米高安哲羅、達文西，都是從小到大跟著老師學習成才的。在現代社會，在公共體制裏面的教育學院也必須有這種學制。師父徒弟制是永恆不變的制度。

古今中外，就算今天也是同一個道理，藝術教育必須有師父徒弟制配合，不可以單單依靠理

論。因為掌握了基本技術後，還要經過重重關卡，學生才有機會入行。他們需要的是老師分享經驗、跟著老師學習創作。透過老師的創作，可以自行創新或者變成整個藝術軟實力的團隊。張大千只有一個，齊白石只有一個，畢加索也只有一個。所以，軟實力的目標不是要培養一個張大千或畢加索，而是要培養一支龐大的藝術團隊。因為有了團隊，自然會催生領導者，才可以推陳出新。

中國目前當然是藝術軟實力大國，並得益於一些重要的政策，例如是公共藝術政策。該政策規定，每一個建築物都需要在建築費上預留一個百分比，用於投資在公共藝術上。這樣，藝術家才會有具體的工作項目，而不是依靠政府補貼和施捨。事實上，韓國、日本、歐美都有健全的公共藝術政策。

那麼你要申報這些項目時，必須掌握一種專門的技術，就是能夠處理大規模的創作或是團隊式創作。中央美術學院副院長徐冰多年來都堅持進行紮實的技術式實驗創作。他到歐美遊學的時候，吸收了最新的意念，透過自身的技術和觀念創新，反思中國傳統文化，並呈現當代社會的不同面貌。最經典的例子是他的裝置作品《鳳凰》，透過收集北京的廢物重建，由遠處看是一隻非常漂亮的鳳凰，近觀卻發現，原來就是當代文明產生出來的各種垃圾。我們中國人說：「金玉其外，敗絮其中」，完全反映在這個作品上，也令我們思考現代文明的一個精神狀態。

因此，藝術軟實力的重要在於可以製造美感，也可以讓我們思考各種社會問題。藝術軟實力的強大也反映一個民族、一個國家的思想力。

所以徐冰能夠成為一代宗師的原因，就是他的作品建基於非常強大的技術基礎，並透過反思這個時代的現況，進行他的創作，同時引發社會對創意、對藝術、對生活的思考。這正是藝術軟實力的重要性，就是它不可能只是一個裝飾品。除了美感以外，也需要達到一定的思想深度。

美國近來有一個節目叫做 Art 21，每一集都會介紹美國不同的藝術家。透過這個節目，你會發現美國的軟實力如何強大。首先因為美國有很強的基金會傳統，很多私人基金會都會支持和發掘藝術家。而且，美國有很多不同類型的藝術學院。有些非常尖端，跟科技結合。有點像麻省理工學院（MIT）的 Media Lab，乃科技藝術的前行者。還有各式各樣的專門藝術學校，包括繪畫、漫畫、音樂等等，以不同形

式展示藝術軟實力。待學生畢業之後，也有不同的工作讓畢業生去發揮所學。它已經有一個健全的藝術發展生態，讓藝術家進行競爭、進行創作。所以，美國藝術的軟實力，並不只是建基於買與賣的貨品上，她有一個非常健全的體系。

日本和韓國近年的藝術軟實力，尤其是視覺藝術上，進步很快。韓國人有支持本土藝術的傳統，並提供很多獎學金讓很多年輕人到歐美最好的藝術學校學習。他們學成回國之後，可以在不同的工作崗位上一展所長。所以，韓國對藝術軟實力的投入並不只表現在金錢上，而是在具體的人才培養上，可說是很全面的支持。藝術軟實力除了創作以外，藝術評論、藝術史研究也是非常重要的。一個藝術品的價值很多時候是和學術研究有關的。透過學術研究去推

動藝術品的社會價值、歷史價值，進而提升它本身的藝術價值。所以，你會發現韓國除了培養自身的藝術家外，也會培養藝術策展人，並推動藝術史研究。藝術策展人的地位近年正慢慢取代了藝術家。藝術策展人的重要性，有時候比藝術家更重要。藝術策展人能夠掌控資源、掌控網絡、掌控展示空間，有助帶動藝術發展。所以，藝術家很多時候會變成藝術策展人的藝術材料，進行藝術策展人的藝術創作。

藝術軟實力這個問題，反映了一個社會的文明狀態及其思想策略。重視藝術軟實力，有助提升自身對社會的影響力和對世界的影響力。世界影響力不單只是金錢的多寡；金錢固然重要，但超級富豪已經這麼多，能買得起超級昂貴的藝術品，其實並不困難。困難的是，你能否培養藝術團隊、培養藝術家去影響世界，影

響社會，帶動潮流，促進創新。這才是推動藝
術軟實力時，最需要做到的。

日本軟實力

東方用 西方體 （神）	TEAM	→	國
	CRAFT	→	口
任天堂 TEAMLAB	RESEARCH	→	研
	DETAILS	→	自
GAME	CREATIVE	→	禿
	ARCHITECTURE		

實虛

功能

工作

教育

DESIGN

軟　硬

日本的軟實力由明治維新開始。在這之前,發生了「黑船事件」(1853年),促使當時的天皇下決心推動開放改革,史稱「明治維新」。期間,日本內部出現了兩個派別,一派要保留傳統,一派主張全面西化。

經過一輪的角力和鬥爭,日本的精英達成了一個共識,就是要進行全面西

化。因此，日本的西化過程是由上而下的。比較之下，日本的明治維新和中國的現代化進程，十分不一樣。

中國地大物博，從來都是自我圓滿的一個體系，基本上沒有對外擴張或對外侵略的意欲。日本人口少面積少，是島國，人們的危機意識比較強。因此，幾百年來都處於一種戰爭的狀態。日本人的團隊精神和危機感，比中國強得多。

明治維新的一個特色，就是它完全吸收西方知識，由科學到哲學，全盤西化。所以明治維新時期培養了大量的人才，把西方的經典，如哲學經典、神學經典等各種形式的經典作品翻譯為日文。中國的洋務運動，很多西方知識都是透過日本吸收的。日本是中國洋務運動或者中

國現代化的一個參考對象和學習對象。

日本學西方是學全套。即是說，由意識形態到西方哲學以至科技，都是一體化的。日本的大學至今仍保留希臘拉丁文、傳統西方哲學等學科，而且，各學科的分工也非常細緻。所以，明治維新做得比較徹底，尤其在精英階層，基本上都是以西方為學習目標的。他們把西方最精粹的東西吸收下來，再轉化為日式現代化。二次世界大戰之前，日本已經是一個非常強大的工業生產國。她吸收了西方工業革命的科技成果之後，建立了一個非常強大、幾百萬人的軍隊，其海軍和陸軍都可以說是當時最強勁的。如果不是美國用原子彈的話，二次世界大戰中日美之間的戰爭可能不會這麼容易結束。

二戰之後，日本的軟實力當然是大傷元氣，軍

國主義也沒落。但是，美國並沒有摧毀日本的天皇制度，因為他們需要日本來制衡蘇聯和中國，所以容許日本的精英重新去治理這個國家，並集中發展經濟，尤其工業生產。日本也成為了二戰後美國一個非常重要的經濟和政治聯盟。在這種形勢下，日本並沒有像中國一樣，出現「斷代」的情況。

反觀中國，其革命可以說是一波三折。民國洋務運動開始之後，發生日本侵華、國共內戰等。中國精英也從來沒有機會、有時間去建立真正的精英體系。中國的精英體系不斷被取代被改變，直至改革開放之後，才有一個比較穩定和直接的目標：就是進行另一次徹底的洋務運動和或西化運動。

日本的軟實力，也是中國改革開放以後參考的

對象。日本也利用中國的廉價勞工，進行各式各樣的經濟生產活動，當中的交流互動促使中國重新振興工業。日本軟實力有什麼特色？你說她吸收了西方的體系，如教育研究，但是，她仍然保留了本身的匠人精神，其社會階級結構也沒有改變，這可以引伸至各行各業。所以，日本的社會結構，表面上是一個有民主投票制度，實質的運作卻是根據傳統階級社會來進行。大企業中的階級制度並沒有任何改變，精英制度也沒有任何改變。

日本人最重視的是紀律。紀律也是日本軟實力的根本。他們做什麼事情都講紀律，做任何事情都經過精密的研究和計算，才去進行。從小到大，日本人已經養成了一種紀律性，而這種紀律性也促使他們能夠建立一個很強的團隊。所以，日本人的很多創意往往是團隊的創意。

每一個日本大師的背後，都有一個非常強大的
團隊支援。例如日本建築大師安藤忠雄，背後
有一個非常強大的建築團隊，由施工單位的工
程師、匠人以至建築助理、繪圖員等，都能夠
配合安藤忠雄的想法，把大師的理念和創意
一一落實。

日本人的創意，很多時候都是集體智慧。而
且，日本人的研究能力非常強。即是說，他們
透過各式各樣的觀察分析去推動他們的創意或
進行改良。例如日本人做菜，學習做意大利
菜、法國菜，他們會先對意大利菜和法國菜進
行精準分析，例如做甜品糕點，有時候甚至能
超越西方的而達到另一個層次。所以說，日本
的軟實力是經過嚴密計算和組織出來的。

這跟中國人做菜相比就更有趣了。中國人做菜

時，往往是主觀式，主要是透過累積不同的經驗，並沒有所謂精密的計算。中國人的精密計算是憑經驗累積出來。所以，中國的大菜，日本人很多時候做不來。

日本人的軟實力，團隊也是一個核心。所以，其產品在西方社會具競爭力，因為她有一個和西方完全不同類型的團隊，去推動不同的創意活動。例如你看看任天堂這間公司，遊戲公司的背後有軟件，也有硬件，但它看重的是一個意念。它每一個遊戲背後都是要大量的精英團隊參與製造的。因此，日本的創意和西方的不同，尤其是和英美相反，不強調個人，而是集體智慧。

以著名的索尼（Sony）公司為例，它本身就是一個創意體系。能夠不斷推陳出新，在音響、

電視、電玩等不同層面進行優化。這和日本的教育制度息息相關。由於日本很早已經全面西化，因此，她的體系和西方體系容易融合，因為你中有我、我中有你。

日本有很多工業企業，其中一個最有趣的例子是馬蘭士（Marantz）。馬蘭士本來是一間美國音響公司，後來被日本公司收購了，變成了今天的馬蘭士。

所以，軟實力的建立，團隊是非常重要的。不過，團隊非常難建立，也很難維持。因此，長遠的競爭力取決於團隊能否長期穩定，能否長期進行創新，並在體制內不停地改良改革。

中國人常說：富不過三代。原因就是很多時候，人在安逸的時候不會居安思危，不會去學

習新的知識，以不斷改革自己的制度。這正正
是日本為什麼到了今天，仍然是軟實力非常
強、社會力影響大的一個國家。因為在他們的
文化基因裏面，有地震文化，非常具居安思危
意識。而且，教育制度也促使一個團隊要不停
更新。宮崎駿的動畫背後，就有一個很強的團
隊，去把宮崎駿的動畫意念實現出來。此外，
團隊裏面的人才並不能夠買回來的。他們都經
過長期的合作，才慢慢形成了一個體系。日本
是設計強國，就是因為他們的設計教育體系一
方面強調專業上的多元化，另方面又重視對專
注力的培養。其設計教育非常清楚自己的定
位，由字體設計、平面設計、產品設計，到各
式各樣的設計課程，並不是照搬西方模式，而
是根據日本傳統文化的精神演變出來的。所
以，日本的平面設計是從字體設計開始。

日本人做什麼事情都講 Teamwork，近年出現的 Team Lab，他們背後就是典型的日本創意團隊。有一個很強的領導，背後有一個 team，這個 team 能夠處理很多硬件和軟件上的問題，擁有基本的美學概念，對藝術有認識。這種人才也只有日本的教育體制才能夠產生的。為什麼香港不能夠出現 Team Lab？大家只要對比一下香港和日本的設計教育和創意教育，便會知道了。

日本未來的競爭力仍然會十分強。因為他們在軟實力方面，尤其在漫畫、電影、電玩方面仍然是領導全球的。他們既受西方歡迎，在中國也被受落。過去十年，中國人喜歡到日本旅行，就是喜歡那種東方的感覺，但那是建立在西方的體制之上的日本模式。

其實，韓國也在學習這種日本模式。韓國被日本殖民多年，深受日本文化的影響。台灣也學習了一點日本的匠人精神。這是我們需要留意的，就是日本的軟實力是由團隊開始的。

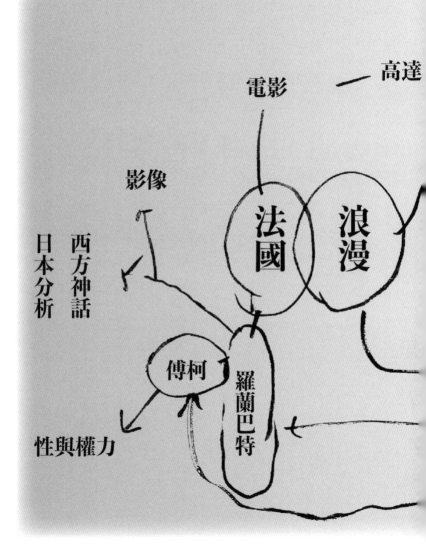

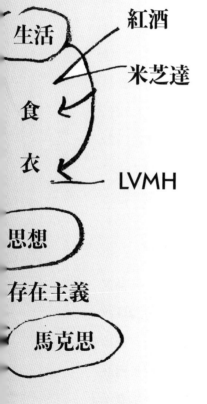

生活 — 紅酒

米芝達

食

衣 — LVMH

思想

存在主義

馬克思

法國的軟實力來自文化生活。法國美酒、法國美食、法國哲學家、法國電影、法國時裝、法國時尚等等，都是法國的根本。法國也是西方民主的文化泉源。法國大革命是西方民主、自由發展過程中的一件非常重要的事件。它的結局非常悲慘，但是整個事件成為西方文化發展的一個轉折點。音樂劇《孤星淚》（Les

Misérables，又譯《悲慘世界》)也成為了一個
文化符號。遊巴黎鐵塔（Eiffel Tower）和在巴
黎生活，過去多年都成為西方文化生活的一個
指標。

很多西方最重要的文化事件、文化發明，都是
在法國發生的。如繪畫中的印象主義，現代
主義的突破，也和巴黎有關。巴黎是法國軟
實力一個非常重要的象徵，也是「世界文化之
都」。那裏聚集了全世界不同的藝術家，進行
各式各樣的文化藝術活動。

法國軟實力最重要的一點是，他們把一些抽象
的美學概念，轉化為一些與生活相關的具體
經驗。例如美食方面，目前流行的「米芝蓮指
南」就是由法國人想出來的，他們透過自己設
定的一套嚴謹的準則去評估。法國菜烹調有一

個非常系統化、精英化、深度化的過程。換言之，學做法國菜的師傅，要有高超的技巧，並能提供全套服務。米芝蓮指南的意思就是由服務到空間到食品，都是經過精雕細琢、精良設計出來的，顧客進來用餐是一個全新體驗。

法國人把時裝或服裝也做得精英化，你可看看當今的全球首富之一、法國奢侈品集團 LVMH 總裁 Bernard Arnault 那身衣著和舉止。該集團網羅眾多國際級名牌，並把名牌和高端消費品打造如藝術品般，推到了一個新的層次。

在建築上，法國也帶來很多突破。上世紀七十年代落成的龐比度中心（Centre Georges-Pompidou）就是近代建築史上一個非常重要的作品，它把現代建築帶到了一個新的層次，把現代建築老祖宗勒‧科比意（Le Corbusier）

的「Architecture as machine」(建築就是機械)這個概念充份地發揮。龐比度中心不單只在建築上,在藝術上、在一些抽象的聲音科技上都有突破。它有一個世界知名的聲音研究室,很多音響新概念都是從龐比度中心旁邊的地下研究室中出來的,它也是全世界其中一個最先進的音響實驗室。

我們說「浪漫就是法國」。的而且確,浪漫就是法國軟實力的一切根源。正如他們培養的學者,和德國的很不一樣。德國人很嚴謹,很有規律性,像軍人一樣。但是,法國產生的學者都帶有浪漫情懷,由存在主義(Existentialism)的沙特(Jean-Paul Sartre)、羅蘭巴特(Roland Barthes)到解構主義(Deconstruction)的德希達(Jacque Derrida)都是這類學者。他們為這個世界帶

來了很多浪漫的色彩,用浪漫的眼光去看世界不同的事情。

所以,法國也是分析西方文化最到位的一個國家。早期的羅蘭巴特和傅柯(Michel Foucault),是到目前為止認識和分析西方文化最透徹的法國學者。以羅蘭巴特為例,他的寫作並沒有所謂的科學化或精準化,而是以觀察家的身份,提出了幾個概念。他有一部重要作品《神話》(*Mythologies*),裏面透徹地分析西方的所謂「造神模式」,並去闡釋西方的流行文化和神話的關係,就是如何建立一個神話體系。

羅蘭巴特另一部作品《戀人絮語》(*A Lover's Discourse: Fragments*)也是把西方的愛情觀念,透過《少年維特的煩惱》(*Die Leiden des jungen Werthers*)去分析及呈現，當時的現代社會生活下的愛情轉化。而愛情也是人際關係的一個起點，讓如何看愛情變成了一個非常重要的課題。

傅柯當然不用說。傅柯的幾部重要著作，對西方文化的批判非常深刻。例如對醫療政策、對瘋狂。他回顧西方的歷史，說明當時的社會體制，如何局限了人類發展的潛能。硬科學體制的僵化，如何令西方失去了從文藝復興以來的一種思維活力，這些分析在今日看來，仍然非常深刻和到位。所以說，法國的軟實力在文化上是非常豐富的。

沒有巴黎，就沒有畢加索（Picasso）。當然，巴黎和法國就是畢加索的平台。到了今天，畢加索仍然是收藏家的至愛，而擁有他的作品也

成為一個身份象徵。

再看看當今的高端消費品（luxury goods）平台，由 Hermès 到 LV，全部都是和法國有關的。法國透過這些著名品牌，在經濟上建立了一個高端消費體系。也由於全球化的關係，這個高端消費體系已經滲透到不同階層、不同領域。人人都想買一個 LV 手袋，每一位女士都希望穿上 Chanel 套裝。除了時裝之外，化妝品和香水也是他們的絕技。

法國提倡的美，能夠把對美的追求變成了經濟活動，締造經濟價值。紅酒也是由法國人帶動起來的。歐洲很多地方出紅酒，但只有法國能夠把它發揚光大及系統化，把葡萄酒變成高級消費品。所以，法國軟實力在於能夠把任何事情高級化和高消費化，從而提高其價值。這個

模式正正是法國軟實力的根本。

近年來，法國被美國化得很厲害。曾幾何時，麥當勞（MacDonald）和星巴克（Starbucks）是不可能在巴黎出現的。現在由於美式文化盛行，這些品牌已經融進法國人的生活中。法國現在面對的一個難題，就是美國化、美國消費文化的入侵。從前，法國人有思想、有深度，有浪漫的消費模式，如今已經變得不太浪漫。正如「米芝蓮指南」全球化之後，只是為少數文化旅遊服務，而不是真正在提升飲食的水平。當然會有一定的幫助，但其背後也是有很多文化消費進行的。這種文化消費模式，未來會怎樣改變？法國人會否產生一些新的意念？也是一個很有趣的話題。

2013 年，《二十一世紀資本論》（Le Capital

au XXIe siècle）出版，這本書用一個新資本論的方法去分析西方經濟，在西方引起很大的迴響。問題在於，現在的經濟形態需要的是「量」，不是浪漫。浪漫是很個人的事，是一種感覺，但當你把感覺變成一種消費行為的時候，它帶來的必然後果是：浪漫已經不太重要了。浪漫不重要，只是法國的思想家仍然很重要。我們現在要認識西方文化，必須閱讀和理解法國幾位哲學家和思想家的著作。他們的著作提供了很好的指引和引導作用。

近年來，法國也出現了一些變化，就是反璞歸真，例如「米芝蓮指南」現在在法國的影響力也大大減弱。現在巴黎最好的食店都不需要「米芝蓮」一星二星三星之類作招徠，它只給遊客提供指南。當地年輕一代的廚藝高手，都希望用原材料炮製街坊小食、小菜。他們也流

行學一種非大量生產的小型酒莊式天然葡萄酒（nature wine），即是說，每一支葡萄酒的味道都不一樣。其實，法國的文化底子很厚，所以他們能夠經常推陳出新。最近幾年，巴黎飲食界出現這些革命和變化，正正反映巴黎的實力。現在，巴黎時尚界的服務對象已經不是巴黎人了，而是全世界不同地方的富有人士。所以，巴黎出現了兩個世界。

有趣的是，任何一個有文化軟實力的國家和體系，必然會檢討和思考自身的困局，並不斷推陳出新，開發出新的事情。正如最近獲得普立茲獎（Pulitzer Prize）的法國建築師夫妻拍檔Anne Lacaton 和 Jean Philippe Vassal。他們的建築理論就有點像僭建式，就是如何改裝舊建築，為舊建築注入新的活力。這在環保上、在建築空間上，他們創造了新的生活的空間，

而不是產生更大的消費。這個反思也是存在的，因為法國始終有社會主義底氣，政府或國家會扮演一定的角色，去推動不同的變革。

法國這個浪漫的文化體系，未來的發展必然需要進一步創新。面對英美文化的擴張，法國和中國早在米特朗（François Mitterrand）時期已經建立很好的關係。法國人對中國文化的認識和理解是有深度的，他們建立的漢學體系和對中國文化的研究也是長期性的。

法國和越南的關係、以及和東南亞不同地方的關係也帶著一點浪漫。她並沒有像大英帝國般，去製造什麼經濟奇蹟，而是在文化上、在不同的地方播下了浪漫的種子。這些種子到了今天，比如越南，就產生了很積極的作用。你現在到越南看看，會看見很多法式浪漫的影

子。這些都是法國人值得驕傲的，也是其軟實
力的表現。軟實力需要的不只是金錢上的成
功，也應該為人類帶來一點浪漫的情懷和快樂
的感覺。

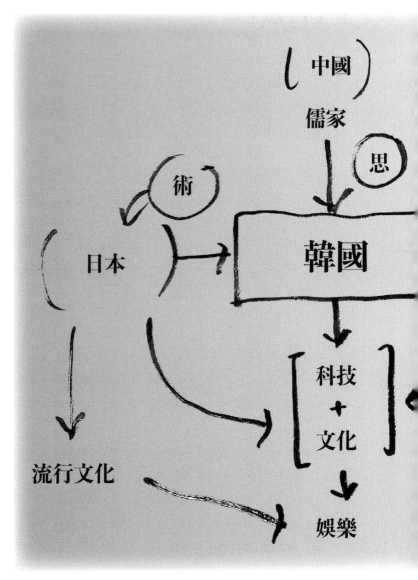

技

英美

韓國近年的軟實力大大提升。K-pop 可以說是目前全球文化裏面一個非常重要的力量，完全進入了西方主流世界。韓國的軟實力是如何建立的？

首先，韓國有趣的地方是，她吸收了日本、中國和美國的文化。韓國自唐代開始已是中國的藩屬國，直至袁世凱當最後一位總督，所以深受中國文

化影響。韓國目前很多文化制度,例如僧侶制度源自中國漢傳佛教。韓國的寺廟建築很多都採用中國的唐朝樣式設計。台灣導演胡金銓有很多部電影,都是在韓國拍攝的,因為在韓國,可以看到很多中國傳統建築物的影子。

此外,韓國也深受中國傳統醫學、食療和文學等的影響。在二次世界大戰以前,漢語基本上是亞洲地區的精英語言,越南、韓國、日本的精英都會學習漢字。二戰以後才出現變化,韓國開始推行用韓文韓語,日本用日語。漢字的影響慢慢減弱。但無論怎樣,韓國和中國文化的關係比日本更密切,尤其是在飲食文化上,有很多類近的地方。

1910 年,韓國被日本佔領。韓國被日本殖民數十年的結果,是他們也學習了日本人的一些

做事方法,其教育制度就受到日本的影響。例
如他們的大學體制、教育體制也是根據日本明
治維新的模式演變過來的。而西方的基督教文
化早於十九世紀末已開始在韓國札根,所以,
現在韓國有一個非常強的基督教體系。

韓國在文化上的表現是,她既有中國文化底
子,又採用改良過的日本文化體制。在南北韓
分裂時期,南韓因為親美的關係,也吸納了英
美體制的一些優點,尤其是美國的模式。所
以,我們看到,韓國的 K-pop,基本上是從
日本和美國流行文化中衍生的只是它再做得更
加徹底,就是他們的英語能力和英語滲透力。
很多韓國明星的英語能力都非常強,而韓國的
影視製作也基本上是學習荷里活那一套,包括
經理人制度乃至整個運作流程。

韓國的 K-pop 軟實力或電影軟實力很強，其發展可以分為幾個階段。第一個階段是培養自己的人才。所以韓國有一段時期實施封閉市場，每年都限制外來電影尤其荷里活電影的進口數量，目的是給韓國的創意人才及其團隊創造機會，在自己這個五千多萬人口的市場多實踐，以增強創意產業的實力或強化其競爭能力。

在操作層面，他們像在代工生產般，依據荷里活標準，由劇本創作到打造明星，甚至諸如打燈等等，整個流程，都努力模仿和學習。他們也借鑑了日本 J-pop 少年團的運作模式，但他們再結合了西方的方法，去打造自己的偶像文化，其中，防彈少年團（BTS）就是一個典型例子。

一個有趣的點是，我們常常說劇本最重要，而劇本的基礎是文學。所以，你看看韓國近年的電影電視非常蓬勃，背後有很多不同的編劇團隊，實力很強，就是因為他們有很強的文學教育。在韓國，詩人的地位很高，社會對文學家也十分尊重。

與此同時，韓國的軟實力背後也和他們的科技公司有關。其實，電影電視這些產業盈利並不高，影響力卻很大；所以，韓國的電影電視背後有很多科技公司支持，像 LG、三星（Samsung）等。韓國的大企業都非常支持創意產業，由設計到電影電視，他們都樂於投資，而且投資的目的不是為了賺大錢，而是為了增強韓國的軟實力。而這種軟實力形象的建立，又反過來推廣了他們的品牌。所以，三星由一間單純的製造業公司，發展至今天，已成

為一個國際品牌。背後的動力正是韓國企業十
分重視經營韓國軟實力。

第二個階段就是開始有實力可以在國際競爭
了，便可以走出去。2020 年上映、奪得奧
斯卡最佳影片獎的韓國電影《上流寄生族》
（ *Parasite* ）也是另一個成功功例子。背後原因
是，韓國建立了一個運作非常成熟的荷里活式
體系和溝通橋樑，對奧斯卡方面產生巨大影
響。當然，也因為他們拍出了符合西方藝術電
影標準的作品。

總而言之，這個韓國模式背後結合了科技企業
的支持和國家資源的配合，也有了一個所謂韓
國式國際視野。

此外，中國傳統文化對韓國的流行文化也產生

影響，而韓國 K-pop 文化也曾經在中國風靡一時。韓劇背後有很多中國傳統文化元素，容易受華人社會歡迎。所以，你可以說韓國的軟實力在於它既能成功地在西方精英市場上建立聲譽，也能夠在華人社會或東方社會保有一個位置。只要大家去曼谷看一看，韓式美食和餐飲基本上在每一個商場都佔很大面積，可能比日式更受歡迎。透過韓國食品，我們也可以看到韓國的軟實力，這也是一個通過組織和精密規劃所造成的。

「羅馬不是一天建成的」。韓國的軟實力也不是一天建立起來。他們由上世紀八十年代為西方工廠代工生產時已開始籌謀，並經過精密的組織和規劃發展，才取得今天的成就。

韓國未來的軟實力似乎只會上揚，不會下降。

如果南北韓能夠和平統一或合作，其軟實力會進一步加強。這對日本當然會構成威脅。首先是韓國人口總數將形成一個更大的市場，在沒有地震帶來的危機感下，能夠更有系統、長遠地建立人才庫，並令他們發揮得更好。而且，韓國沒有日本侵華的歷史包袱，跟中國關係友好，還可以更加密切，這都有助強化其軟實力。

在創科方面，韓國有一個特別的優勢，就是他們很早已經沒有日本那種自我封閉的島國心態。所以，韓國人在學習英語方面、融入西方教育方面，比日本更強。你只要看一看美國麻省理工學院近二十年的博士生數量，你便知道韓國和美國的科研合作，做得遠比日本深，關係也更深。全世界最頂尖的學府內，都可以看到韓國人的蹤影。除了流行文化外，在歐洲各

個頂尖芭蕾舞團和現代舞團，或古典音樂領域，你都會看見韓國人的身影。因為他們在學習西方的技巧和技術方面，學得非常徹底。

韓國的弱點就是因為他們過分西化，失去了韓國的傳統精神。但是，建立軟實力是不用分種族的，應該學會取長補短，吸收不分種族的文化。軟實力強大的國家，例如美國，就是因為吸收了不同文化的精華，並將之融入自己的文化中。

韓國在這方面也學習美國，將其企業作國際化定位，不分種族和文化，總之把優秀的東西都吸收進來。這種文化雜交（hybrid）現象，也是西方資本主義社會的一個特色。只要他們覺得你有什麼價值，能夠增強自我的競爭力，他們便會吸收。

上世紀九十年代，香港的流行文化對韓國衝擊非常大。電影《英雄本色》中由周潤發、張國榮等飾演的角色，到了今天，仍然是韓國文化一個非常重要的符號。曾幾何時，香港的軟實力也對韓國產生了很大的影響力。但在今日，我們比較一下兩地的軟實力，已經立見高下。相信最重要的原因是，香港人沒有居安思危意識，也沒有去優化自己的文化，以及加強團隊的實力和創意教育所導致。

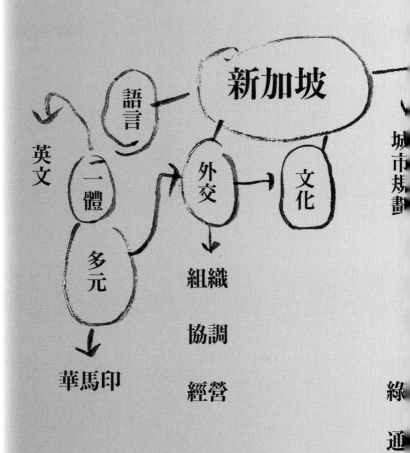

新加坡

語言

英文

一體

多元

華馬印

外交

組織

協調

經營

文化

城市規畫

綠通

新加坡 軟實力

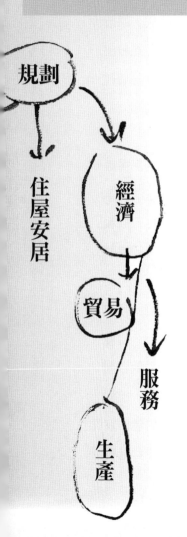

規劃

住屋安居

經濟

貿易

服務

生產

新加坡的軟實力來自於一個定位，就是吸收西方最先進的精英式管治方法。新加坡立國之後，李光耀和他的人民行動黨並沒有完全採用西方民主的政制模式去經營管治新加坡，而只是借鏡西方的管治模式，去建立一個屬於自己的管治體系，去治理一個多元民族和只有幾百萬人口的小國家。

新加坡並沒有照搬西方投票選舉的模式。原因很簡單，就是如實行西式民主制度，可能會出現各民族之間的權力角力。這對於建立一個健全的管治體制和穩定社會，並非最有效。

不同國家的民主政制發展，包括英國的民主政制發展，都經歷過不同階段的演變。法國大革命以後，拿破崙復辟成帝。英國的民主政制和法制也是經歷了一段變化。但是，一個國家的軟實力必須建基於管治能力上。如管治能力尚未穩固，就貿然引入西式民主體制，對國家的發展不一定更好。尤其是發展中國家 ，看看印度或者菲律賓，實行一人一票式民主選舉制度，某程度上可能會開放或透明化一些，但對政府的整體管治未必好，如果管治能力無法發揮，單單依靠選舉制度，不能解決民生和社會發展中出現的問題。

新加坡的軟實力較強，在於他們只引進西方最強、最優秀的管治模式。首先是城市規劃。新加坡的城市規劃是根據西方的精英城市管治理念，如花園城市（Garden City）來進行的。她用科學化方法，例如，如何降低城市的溫度？透過綠化、建築物佈局、引通風模式去進行。故此，新加坡的軟實力，來自於他們吸收西方優秀的管治方法。

第二就是教育。新加坡一開始便確立英文作為不同民族的共同語言。人口佔大多數的華人所用的中文並沒成為官方語言，而是英文。新加坡立國初始的定位就是以西學為重的。當時的國際形勢，西方能力非常強，李光耀等新加坡精英又都是英式精英教育培養出來的。因此，他們和西方的關係密切，也較容易融合，便先在語言和文化上確立一個方向。

以英文為本的一個好處，是它令新加坡內部不
同民族背景的國民有一個統一的語言進行溝
通。馬拉裔、印度裔以及華裔人士都可以用英
語交流。英語成為了各民族的共同語言，也令
新加坡的國際化進行得更徹底。一體（英文）
多元語言文化正正是小國軟實力非常重要的一
個元素。看看新加坡、北歐各國和瑞士就知
道。

新加坡規劃好城市之後，便發展經濟，跟著便
認真地解決房屋問題。新加坡於是借鑑了香港
麥理浩時期的公營房屋政策以及英國 County
Council 的公共房屋制度，發展為自己的一套
「居者有其屋」模式。即是說，每一位新加坡
公民都能夠在平均高於 200 呎以上的公共房
屋裏面生活，租金或供樓貸款也跟其薪金掛
鈎。華人講究安居樂業，政府就把安居這事情

做好了。安居之後，民心也就穩了。大家便可集中精力去建設國家，去促進社會往更好的方向發展。

新加坡的城市規劃，例如綠化，都是經過很精密的佈局，並根據亞熱帶氣候的地理環境進行的。所以，你現在去新加坡，會發現那裏有最好的動植物公園。城市中的綠化程度也達到真正通風和降溫的效果。這個就是新加坡軟實力的基本——先從城市硬件開始，把一個國家、一個城市的基本建設做好、水資源做好、綠化做好、房屋做好。

城市中也建立多個中心，各有不同的功能。在發展經濟方面，新加坡也有一套體系，並統一在新加坡這個平台上。

新加坡視自己如一家大型企業去打理，大企業下面有不同的分公司，需要互相協調和合作。因為新加坡體積小，如果裏面進行不同的競爭，可能會內耗自己的力量。新加坡航空公司（Singapore Airlines）早於上世紀七十年代已經成為世界一流的航空公司。一間航空公司贏得聲譽並不簡單，需要在行政管理上和服務質素上達到一定的標準。這些新加坡都是學習西方的，並結合了東方亞洲人的服務態度和謙和文化而成。所以，新加坡是東西方文化融合的一個好例子。

新加坡的成就當然是教育，其教育的基礎就是把語言基本功——英文學好。以英文為核心，加上嚴謹的紀律，有規律地推動發展。有人說新加坡是一個極權社會，很多事情容忍度很低。但是，這樣所謂沒有容忍度的地方也培養

了新加坡公民的紀律性和良好習慣，再結合其兵役制度，令新加坡可以有系統地建立了一個個團隊。當然，這些對自由派的藝術發展主張以及一些比較實驗性思想的人來說，會構成一種壓力，以致新加坡被說成是一個父權社會。但是，以新加坡這樣的體積及其所處的地理位置，如果國民沒有紀律性的話，她在區內就沒有任何競爭力了。

新加坡沒有天然資源，跟其鄰近國家的發展模式非常不一樣。因此，新加坡需要建立一個適合自己的體制，才能夠有足夠的軟實力競爭。新加坡在培養國民質素及法治質素上也有一套，是建基於文化與文明上的。一個受尊重的法律體系，必須配合文明教育，才能產生正面效果。

所以,新加坡在培養法官、培養法律人才方面,也是依據西方的標準。而法律就是建基於語言上的。即是說,你要有一定的語言和文化水平,你才能依據西方的法律的邏輯去進行審判和執法。英國的普通法制度著重法官的文學和文化素養,他們的語言能力不只是把英文當成溝通的語言,也是用英文作為思想的工具去進行思考。新加坡的法律體制有一定的認受性,正是建基於他們著力對法官的培養以及其法律人才的語言修養上。

當然,在政治層面,新加坡經常被批評為一個專制的政治實體。但是,李光耀在很多時候都是一個非常誠實的父權式人物。他會耐心解釋和說明他為什麼要做一件事,他從來沒有用美麗的語言去包裝他的政策主張。他批評西方也是直截了當。為什麼他批評西方,他還可以繼

續和西方合作？就是因為新加坡對英美體系來說有價值和具戰略意義。而且，她有一個比較穩定的政治環境、文明架構以及優秀的西式管治模式。所以，西方國家對新加坡非常了解，覺得容易和她合作。

新加坡另外一個優勢就是，她建立了一個非常有效和務實的外交團隊。因此，新加坡另外一個軟實力就是他們的外交政策和外交官員。新加坡是一個能夠平衡東方和西方的國家。美國總統特朗普和和北韓領導人金正恩也選擇在新加坡這個地方進行談判，這是一個非常具象徵性的，就是東方和西方國家都會信任新加坡。因為東西方的思想往往有很多衝突和矛盾。所以，要多了解新加坡，就必須了解他們的外交政策。

新加坡培訓出來的外交人員都是非常優秀的人文學者,有歷史觀,而且他們對東西方歷史都有深厚的認識。新加坡很多外交官員都是歷史學者和人文學者。所以,在展開外交工作或活動時,會從文化角度出發、會以同理心去理解對手。而最重要的是,透過這些互動和理解,令雙方建立一個信任關係。其政治上的穩定和政策上的持續性,也令她贏得東西方的信任。

今日中國很多城市的管治模式,尤其是在綠化和古物古蹟保育方面,都是受新加坡的影響。她的房屋政策也非常有參考價值。李光耀離世以後,他留下來的遺產,就是他成為了一個東方智者。麻省理工大學也有管理課程,專門介紹李光耀的執政理念。李光耀的信念和目標非常清晰,為新加坡建立了一個很有系統的管治體制。新加坡就是新加坡的文化軟實力品牌。

現在提起新加坡,西方對她的看法越來越正面,就是新加坡的管治很好,空氣質素、城市規劃、健康服務,各種事情都做得有板有眼。

反觀西方的管治模式,出現很多偏差。有些西方城市連基本的衛生環境都搞不好,如美國的健康衛生政策就一塌糊塗。新加坡的軟實力也就是建基於在吸收西方管治學優良的一面,有人擔心李光耀離世後,會否出現變化?任何事情都會有變化。但是,新加坡李光耀和他的團隊建立的新加坡管治模式,對中國或者全世界已起了很多積極的示範作用。

去到最後的一個問題,就是政治改革和管治兩者之關係,其實不應該有矛盾。民主制度也應該有優良管治,關鍵在於是否有一個具視野的政治家,並有魄力去建立一個很強的管治班

子，結合不同的政治技巧，才能成功。

有些政治家政治能力很強，但管治能力不足，會把國家弄成了內部充斥政治鬥爭和權力鬥爭，導致整個社會的精力沒放在管治上。這也是為什麼新加坡模式非常值得參考，也成為未來西方政制發展的一個參照。就是如何把西方的精英管治理念具體地落實，這一方面，新加坡真的做到了。有人不喜歡新加坡的氣氛，覺得它太整潔、安排得很好，沒有什麼驚喜、沒有什麼奇怪的事情發生。我相信每一個管治體系都有它的優點和缺點，每一個軟實力體系都有它的優勢和弱勢。要了解一個地方的軟實力，不應該情緒化地去看，而應具體地看它強在什麼地方，如何學習它的強處。

新加坡的公務員培訓制度是值得學習的。為什麼他們能這麼有效地執政？而且非常誠實，言

出必行。新加坡公務員制度非常著重公務員的研究能力。所以，新加坡是一個真正的學習型社會。就是我們說的「終生學習」。透過不斷學習、研究、吸收、轉化為一些可執行的政策任務。這就是新加坡在古物古蹟保育、城市規劃、環境綠化、房屋政策、醫療政策、教育政策上的成功所帶給我們的啟示。

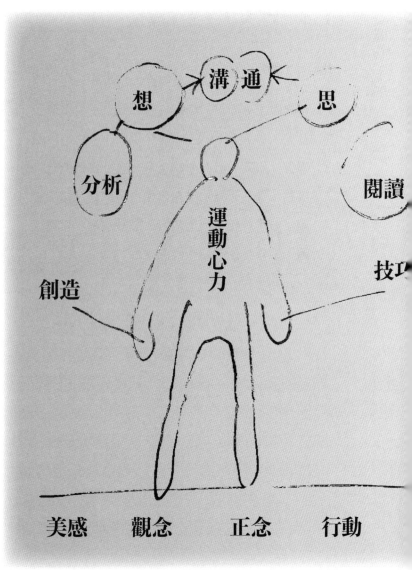

SOFT POWER
IS A MATTER OF
HUMAN QUALITY

軟實力 是人的
質素問題

軟實力是人的質素問題，一個社會會否投資在一個人身上？提升「人」的質素，組成的高質素的團隊？是其軟實力能否強大的關鍵。香港軟實力下降並呈現出深層次敗象，原因在於地產金融經濟快速成長下，權貴們沒有意願、耐性和視野去培養香港人成為人才。

香港在教育、文化、藝

術、科技、媒體，乃至綜合軟實力為什麼大落後？為什麼香港無法像內地般營造數碼經濟生態？在城市規劃、建築設計上百花齊放？在文化藝術領域上有各種各樣的創新？這是後殖民地時期的現象。

香港很多權貴戀棧殖民時代，希望被舊殖民者接受和認同，以為舉辦一些「國際」活動，得到一些「國際排名」，就能夠和西方一起，便等於變成擁有西方般的能力。例如聘請了一個外國人，做他的老闆，或者主辦一些世界級價錢的活動，便以為自己國際化了，達到世界級水平了。

問題是香港的權貴有權有錢之後，不是投資在提升香港人的質素身上，而是盲目相信西方低俗的政治文化，並以自由市場為藉口，支持低

俗的媒體文化，結果是拉低香港人的整體質素。現在香港的權貴，大部分都是穿「皇帝的新衣」，需要人吹捧為「世界級」，西九 M+ 是「世界級」的，香港演藝學院「亞洲第一」，但香港的實際軟實力如何？大家心知肚明。這種有錢但無深度的落後局面，普通香港人根本無力改變，只可以各自修行。

今日香港的教育規劃基本上並不是以提升香港人質素為主。香港學生在「德、智、體、群、美」上都不達標，整個教育體系大部分都處於一種非常虛浮的「國際排名」和「考試狀元做醫生」的狀態。香港演藝學院「亞洲第一」只是官僚自我感覺良好的 ISO 填表式排名，這反映了掌握教育資源的權貴那低俗的價值觀和虛榮心。軟實力是社會生態的展現。一個有深度、有活力和具視野的權貴階層，軟實力自然

會增強。但是，你看看香港目前的市況，樓價長期停留在正常市民根本負擔不起的水平。這樣的情況下，只有地產可以發展，其他任何項目都無法發展。

回歸二十五年了，香港所有大學文化創意相關學系都不是由香港人領軍，課程設計全部以西方學術為絕對權威，不接地氣，更嚴重缺乏中國和亞洲視野。今日香港已經失去了二十年前的優勢，原因就是香港教育已經失去了原來中西合璧和務實的本質。香港現在已經成為軟實力反面教材，2019 那場風波更令香港神話破滅。中央政府需要研究回歸二十四年為什麼特區政府和權貴沒有把香港人治理好。

西九 M+ 說自己是「世界級」的時候，這個世界級並沒有體現出真正的文化軟實力。文化軟

實力取決於能否建立一個以當地人為主體的世界級團隊。正如以往香港足球運動鼎盛的時候，成員全部是香港人，後來才出現引入外援的情況。香港足球目前變成怎樣？大家有目共睹，都是一殼眼淚。

香港軟實力的傳統平台，例如 TVB、港台，以及很多媒體機構，都出現老化和退化現象，跟不上科技時代及社會發展的需要。這些都是香港權貴控制的平台，例如西九文化區，本來應該由香港人主導，以促進香港人開發自己的軟實力平台，卻變成了權貴的文化票友俱樂部，做他們自我感覺良好的世界級美夢。

香港權貴對軟實力的理解完全錯誤，他們以為用金錢買回來的軟實力就是軟實力。軟實力不是房地產，不是股票，而是以人為本、以人為

核心的一個團隊建設。正如一部電影需要一個很龐大的團隊才能成功，香港電影的衰敗並不是民間沒有足夠的人才，而是沒有足夠的平台讓他們去發光發亮。所以，香港軟實力的下降，完全反映了香港權貴短視和膚淺的本質。

在中美角力上，香港本來可以扮演一個促進中西文化交流、發揮軟實力作用的角色，既可以協助內地營造一個更理性、具建設性的氣氛，又創造更多機會給香港年輕人發展。可惜，香港在這方面完全交白卷。舉個例說，香港故宮文化博物院是根據非常守舊的西方博物館模式來規劃，其展覽製作也是西方模式主導，建築設計更是百分百西方過時模式和反風水文化的。「西九故宮」表面上「政治正確」，但執行上卻絕對是由過時的西方模式主導，對建立香港軟實力沒什麼好處。

香港軟實力問題也涉及到中國整體軟實力。香港本來是中國軟實力其中一個非常重要的組合，現在卻慢慢變成中國軟實力的負資產。這種情況如果繼續下去，「一國兩制」的存在與不存在，其實已經不太重要。香港權貴是否覺醒呢？是否仍然活在那件迷幻的「皇帝新衣」世界裏面呢？這個很難說，因為在他們的世界裏，他們是世界第一。他們可以把英國整條街買下來，可以在全球受到各式各樣的吹捧。但是說實話，現在全世界人背後怎樣說香港權貴的弱智？沒有自知之明是衰敗之源。

香港權貴的財富是世界級，當然有財力建立世界級軟實力，但軟實力不是用「錢」可買的，也不是「排名」，而是要以培養人為目標，有具體方法和實際工作時間表，例如香港科技大學可以「買」到最好的學者，出產很多論文，

有很高的國際排名，但這些完全和香港人無關。

香港人被邊緣化。香港權貴過去二十年，沒有像韓國一樣，把韓國人培養成「世界級」，他們到底如何向香港人交代呢？

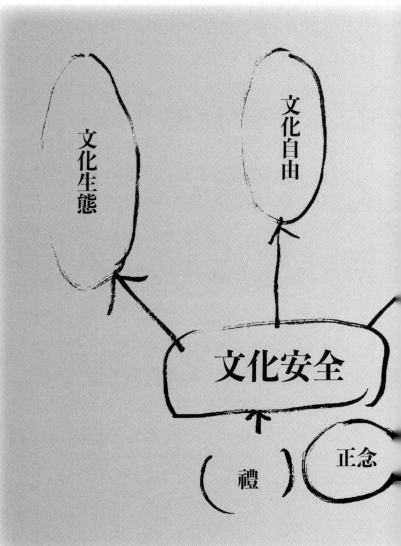

文化生態

文化自由

文化安全

（禮）

正念

CULTURAL SECURITY
SOFT POWER
文化安全^{軟實力}

思想深度

文化抗體

分析力

西方意識形態在國際上的影響力非常強大。由教育到娛樂,都由西方主導。西方的娛樂體系和產業,由新聞、電影、電視劇、流行音樂等,長期在世界範圍內起著滲透力作用,產生巨大的影響力。過去,西方的娛樂價值觀蘊含人本思想,像上世紀六十年代的電影《齊瓦哥醫生》(*Doctor Zhivago*)、八十年代史

提芬史匹堡（Steven Spielberg）的一系列作品，都帶有濃厚的人文情懷，說著一些關於人情世故的故事，例如《E‧T‧外星人》（*E.T. the Extra-Terrestrial*）雖然說的是兒童成長以及揭示各種美國家庭問題，但透過外星人的眼睛，觀察到人類社會的一些現象，溫馨感人又富娛樂性。

這個西方的人文傳統，近二十年出現了巨大的變化。今日最賣座的已經不是那種具有人文精神的電影，而是一系列科幻和跟暴力有關的題材。這些電影在渲染一種透過暴力解決問題的價值觀，像《蝙蝠俠》（*Batman*）、《復仇者聯盟》（*Avengers*）、《鋼鐵人》（*Ironman*）等等。這正正和西方倡議的法治、人權精神相違背，多麼諷刺！

九十年代消費主義的興起，西方流行文化變成了只著重情緒消費和暴力。透過製造慾望來刺激更多消費。近二十年來，西方利用娛樂這個名詞，正渲染著一種以暴力解決問題的價值觀。目前全球化面對的一個問題，就是資訊滲透非常快。但是，能夠滲透快而廣的資訊通常都只是一些膚淺的口號式文字。你看看近期緬甸民眾的抗爭，也是借用美國一部流行電影中的手勢。緬甸人的文化身份卻被西方抗爭文化淹沒，這種做法能否真正改變社會？真的需要思考和令人質疑。

西方以娛樂方式帶出的價值觀，就是以暴力抗爭的方法去爭取民主、去改革社會。但是，我們都知道，這種想像的畫面只會在電影中出現，在現實社會，暴力並不能解決問題，暴力抗爭也促進不了社會改革。西方本來的人權、

民主概念非常具啟蒙性。建立一個政治生態，由法庭判案、警察執法、民主選舉到城市規劃、政府管治等方面，都是一個很有思想深度的體系，本來是好事。可惜，這一系列具深度思想的體系並沒有被具體落實，以及普及化，反而其娛樂式推銷的只是一些膚淺而虛幻的民主人權概念。

西方民主文化影響的具體例子，就是十一年前發生在北非和西亞地區的「阿拉伯之春」。時值社交媒體興起，助長了「阿拉伯之春」。透過民眾抗爭，可以推翻一個政權，卻無助解決社會問題。敘利亞就是在這種情況下，整個國家文化體系幾乎被摧毀，差不多是，國未破但家已亡。

利比亞和埃及等北非國家也出現類似的社會抗

爭運動，動搖了政權，卻同時給人民帶來了更大的災難——社會出現更大的矛盾和更多的衝突，並相信可以用暴力去解決一切問題。埃及人的民主夢到頭來也是一場空：軍人政府重奪政權。「阿拉伯之春」的例證正好說明：一些缺乏思想深度和抗爭策略的衝動行為，只會帶來破壞，並沒有建設性。

抗爭的目的就是促進變革，令社會變得更加好，而不是破壞社會本身。很多參與這類抗爭的人士動機良好，出於一顆熱誠的心。但是，他們往往沒有想清楚長遠的後果是什麼。西方電影激動人心，尤其是英雄電影，令每一個人都像充滿了能量和電力一樣。像蝙蝠俠，令你覺得自己一個人也可以解決一切社會問題。這個念頭作為娛樂尚可，但付諸行動，就成為問題了。

「政治娛樂化」造成民智低落。什麼是政治娛樂化？社交媒體、那些即食新聞以及那些根據立場而編寫的新聞報道，正是令人們思想混亂、頭腦簡單的源頭。一個社會的文化安全取決於民眾的「文化抗逆能力」。什麼是文化抗逆能力？這涉及基礎文化教育。文化教育就是如何建立邏輯思考力，能夠有深度的思想，而不是像動物一樣，對任何事情只作出即時反應，沒有理性分析。

文化安全很重要，一個多元化的社會需要有一個文化安全的環境。言論自由如果變成了人身攻擊自由、造謠自由，社會就會變成非常殘暴。美國人享持有槍械的自由，結果卻是每年被槍械射殺的民眾數目加起來，比恐襲傷害多出不知多少倍。這種持槍械自由正好反映了自由像火一樣，用得好，會催生很多意念、製造

很多正能量；但用得不好，它會把整個社會毀掉。

文化安全的建立要有長遠的視野，那不是極權強制可行的，而是透過潛移默化去營造一個社會文化生態，建立一個有同理心和尊重別人的社會。談自由的時候，更要講文化安全。文化安全必須建基於一個有文化底蘊的社會，民眾有強健的文化抗體，不輕易受媒體誤導，能夠分清娛樂與現實之別。

香港在殖民地時期，英國政府在《電檢條例》及其很多和文化相關的條例上，都設立了以英國為本位的國家文化安全觀。在教育上，他們推行雙語教育，中英並行，建立了一個具香港特色的東西文化思想體系。故此，香港在文化交流上獨佔鰲頭，就是因為香港以東西文化薈

萃為定位。

回歸之後，香港文化發展只著重於舉辦活動，香港教育只看重國際排名，並偏向西方，造成一種非常畸形的現象，就是社會越來越浮誇；大學爭國際排名，媒體只渲染西方最低俗的文化。社會出現各種各樣的文化現象，難免會構成文化安全的問題。這些現象是需要正視的，並要具體處理的。

文化安全是一個社會穩定的基本。但如何去打好這個基本呢？現在，真的需要嚴肅思考和付諸行動了。

没有基礎文化教育

專業教育體落後

城市規劃模式落後

欠缺具體政策目標

政府採購政策失調

沒有長期投資策略

香港軟實力
下降

衰敗

SIX REASONS

香港軟實力

衰敗的六大原因

→ **太多活動**

↗

一個地方的軟實力是由當地的權貴決定的。近二十年,香港的軟實力持續下降,出現幾個現象:第一就是香港雖然有七百五十萬人口,但社會生態和市場都是非多元化和以低俗為主,缺乏創新性;第二,年輕人喜歡做「獨行俠」,難以發展成合作團隊;第三是香港很多曾經成功的例子,都不能傳承下去;第四是香港文化影

響力未能創新,只是不斷重複固有模式。

對比同屬「亞洲四小龍」的新加坡、韓國和台灣,香港由上世紀九十年代的進步變成今天的大落後。新加坡透過城市規劃建立了外交軟實力、文化軟實力,將傳統街市小食變成世界文化遺產,在城市建設、外交和文化交流上也大大提升,更發展成為一個現代化都城市的先進指標。

韓國在創新科技、娛樂等領域取得的成就,已達到真正的世界級;台灣的科技軟實力仍然很強,其表演藝術、工業設計等文化軟實力也是世界級的,電影電視也打進 Netflix 的生態體系。

回看香港,幾乎是一事無成。除了樓宇尺價過

三萬、股市日日升那種金錢軟實力之外，電影電視、廣告設計等其他文化軟實力和影響力卻是大倒退。

以前，香港是中國內地和新加坡的學習對象；現在香港變成了反面教材。那麼，香港軟實力為什麼倒退得這麼厲害？有果必有因。軟實力累積猶如種樹，但是，香港人急功近利，尤其是權貴們，習慣了地產金融式炒賣經濟。馬克思說，經濟活動決定了一個社會的運作，完全是正確的。香港回歸之後繼續實行的高地價政策、依賴「自由行」帶來的快餐式、類固醇式經濟，對整個社會生態造成很大的破壞。具體分析有六大原因：

第一是沒有基礎文化藝術教育。文化藝術是軟實力之本。回歸之後，香港雖然進行教育改

革，但是，不少學生卻仍然以當醫生、律師等專業人士為目標，缺乏一個全方位教育體系，尤其未有加強技工教育、藝術教育、設計教育。回歸二十五年，政府做了四份藝術教育報告，但完全沒有執行。

香港沒有透過文化藝術教育去營造一個更健康及更多元的文化生態。這一點韓國做到了。韓國的文化藝術生態相對健康，就是因為基礎文藝教育做得好。這個內地也有相同的情況。香港的問題是不重視藝術教育、不重視藝術老師的培訓。藝術是一切創意的根源，無論科技也好、什麼也好，都是由藝術衍生創意的。但是，香港歧視藝術教育，只視之為藝術活動。香港人的藝術修養之低，與香港的樓價不成正比。每一個人都以不懂得藝術為榮。這種病態式思維，是構成香港整個社會軟實力下降的核

心原因。而這也是由香港權貴造成的。因為香
港權貴只把藝術當成一堆投資數字和活動。

第二個原因是缺乏專業文化藝術教育及人才。
香港不但沒做好普及藝術教育,精英藝術教育
更是一塌糊塗。香港沒有一個像內地的中央美
術學院、廣州美術學院等的全方位的美術學
院。整個文化藝術教育支離破碎,雖然有演藝
學院,但欠缺一個從小學開始的藝術教育體
系。香港演藝學院的困局在於他們收生太遲,
而且,整個教學課程基本上不是配合產業的需
要,而是配合「學術」的需要。這種不上不下
的情況,在這十年更加明顯,很多文藝相關學
院由原來的「技術主導」轉變為「創作主導」。
尚未掌握好技巧、技術,便要進行創作。很多
技術性課程都被邊緣化或取消,學生連一些基
本的技術知識也非常貧乏。

第三個原因就是城市規劃模式落後,政府沒有健全的規劃政策。在土地規劃方面,大部分土地都是用作建豪宅起商場,基本上沒有考慮到加強軟實力所需要的空間配套,更沒有周全的計劃。舉例來說:現在政府雖然談及 Art Tech(藝術科技),在政策層面卻沒有就開發 Art Tech 所需要的空間,進行規劃。很多舊工廠大廈本來可以改裝為發展 Art Tech 之用,但《建築條例》還停留在上世紀九十年代的層次。英國政府五年前已經全面檢討所有跟科技有關的建築物和文化設施的建築條例,香港仍然停留在「石器時代」,反映政府根本沒有規劃能力。

第四個原因是欠缺具體政策目標與策略。在軟實力規劃上,香港政府可謂既沒方法,也沒目標;什麼事情都以辦活動為主。例如政

府成立、旨在推動香港創意產業的「創意香港」（CreateHK）負責的大部分項目都以舉辦活動為主。至於創意香港有份贊助、香港最知名的國際性活動「設計營商周」（Business of Design Week），開始的時候是領先於其他地區的。但是，經過這麼多年後，內地已經學會這個模式，人家舉辦的規模比香港更大、資源比香港更多。

辦活動本來不是問題，問題是怎樣辦？如何辦？香港辦活動的質素就像香港旅遊發展局每晚花百多萬港元放煙花一樣，平平無奇。上海已經可以用無人機砌出一個 QR code，香港卻落後得令人難以置信。這反映香港政府制訂規劃政策時，只著眼於活動，而沒有思考政策目標是什麼。

曾幾何時，香港電影是得到世界關注的，今天為什麼失去了這個光環？當然和香港政府的政策有關。土地資源沒有配合，沒有為業界開闢更多空間。教育上也沒有把香港電影的精髓傳給下一代；在市場拓展方面，所有政策都像要把軟實力磨掉，以為只要辦活動、引入外國人，就等於把事情做好了。

第五個原因與政府的採購政策有關。軟實力的建設，尤其是與文創有關的，是應該由政府帶動。政府每年有大量的建築設計和網頁設計等項目需要推行，是全港創意產業最大的消費用家。然而，政府的採購制度卻向大財團和國際大公司傾斜。例如 2001 年推出的「亞洲國際都會」（Asia's World City）的飛龍設計，中標的是一間英美公司，費用 700 萬港元。香港政府部門的標誌（logo）設計更是慘不忍睹，

政府網頁設計亦缺乏新意，整個採購制度根本容不下任何創意專業。

採購政策另一個特色是「價低者得」，無質素可言。大公司以其雄厚實力低價出標，扼殺了很多中小企的生存空間。反觀北歐和台灣，近年都鼓勵一些中小企公司去推動創意產業。

香港政府除了採購政策完全向國際公司傾斜之外，還簽署了一份「不平等條約」──加入世界貿易組織之後，但凡超過 150 萬元的項目都要向世界招標。但是，全世界只有香港如此，沒有最後的話語權。新加坡也有簽，但列明新加坡政府有最後的決定權。因此，香港任何跟城市規劃、建築設計相關的工程招標，都由國際公司奪得，而且，來來去去都是那兩三間英美公司。加上招標程序以價低者得，無助

香港公司建立長遠的軟實力，乃至到內地競爭的可能性，完全抹殺了香港建築師和設計師的成長空間。在政府這種不正常的採購政策下，他們難有機會釋放潛能。

第六個原因是投資模式的落後，金融管理局沒有設定和軟實力有關的融資政策。在香港集資，基本上都需要物業抵押，尤其是中小企業、做軟實力相關的文化影視行業，即使如許鞍華這樣有大成就的導演，也不可能憑她的名望去籌款集資，只能依靠老闆出錢。而政府的電影基金基本上也是由商界主導的，但他們對電影的發展可說是一無所知，只以辦活動為榮。到最後，電影基金可能變成了電影公司「分餅仔」活動的平台，缺乏一個具體的發展模式，也沒有像羅拔烈福（Robert Redford）成立的「辛丹斯電影節」（Sundance

Film Festival）那樣，變成了一個電影融資和發展的平台。金管局也沒有研究如何從融資角度鼓勵金融機構更聰明地、有深度地支持香港不同軟實力產業的發展。

這涉及香港權貴的質素問題，他們轉數快、反應快，但已經不是一種優勢，因為內地人比香港人轉數和反應更快，而他們更有文化厚度和思想深度，更會思考文化策略。

看看小米、騰訊等科技巨頭，他們如何說話？他們並不抗拒文化，更也辦文化活動，但是他們會投資在長遠的文化規劃上。韓國是另一個好例子，科技公司都會全力支持他們的影視業。香港倒退原因，就是投資不足。

POSTSCRIPT
後記

在構思《第二次軟實力世界大戰》的時候，原本是希望介紹全世界不同類型的軟實力。例如中東、東歐、非洲、南美、古巴等非國際主流國家及地區，他們都有不同特色的軟實力。

過去我們喜歡以經濟角度和國際排名看一個國家、一個地區的競爭力。但是長遠來說，經濟的競爭力只是軟實力的一環；軟實力是一個綜合力量，例如古巴就是一個例子。它雖然經濟上走的是共產主義，但是古巴的教育制度和醫療制度，質素仍然是非常的高。其實北韓也是另外一個很特別的狀況。它為何能夠持續到今天？除了是因為有中國的支持以外，它自身一定也有某程度上的軟實力，才能夠維繫一個實體。

我們看軟實力的時候，切記要放下立場和有色眼鏡。應該客觀地去看一個地區和國家，它的具體運作如何？為什麼他們能夠持續到今天？其實西方過往用民主自由的標準去看軟實力，

其實只是其中一個角度；到了今天資本主義在全球化的情況之下，西式的自由民主價值觀自身也出現了一些問題，故此必須要以全新角度去看。

其實非洲國家近二十年也有急速的發展，像埃塞俄比亞，近年在資訊科技等，也有非常突出的變化。肯亞也是另外一個非常有軟實力特色的非洲國家。除了非洲國家，中東國家近年也開始由石油經濟進入另一個不同的模式。中東不同國家本身也有不同的模式。例如伊朗，它本身的軟實力也是非常值得研究和介紹的。

位於東西方交界的土耳其，和很多東歐國家一樣，都各有其特色的軟實力。它們在西方的影響之下，各自根據自身的傳統文化開發。因此，一帶一路地區的不同國家和歷史名城，本身也各有不同的軟實力特色。所以我們由軟實力角度去理解一個國家和另一個國家之間的互動與競爭，是未來國與國、地區與地區、文化競爭力之間必須要持有的角度和方法。

這些都是未來軟實力需要研究的。

SOFT POWER WO

第二次軟實力世界大戰

責任編輯　　陳凡

書籍設計　　黃詠詩

作　　者　　胡恩威

出　　版　　P. PLUS LIMITED

　　　　　　香港北角英皇道 499 號北角工業大廈 20 樓

　　　　　　20/F., North Point Industrial Building,

　　　　　　499 King's Road, North Point, Hong Kong

香港發行　　香港聯合書刊物流有限公司｜香港新界荃灣德士古道 220-248 號 16

印　　刷　　美雅印刷製本有限公司｜香港九龍觀塘榮業街 6 號 4 樓 A 室

版　　次　　2021 年 7 月香港第一版第一次印刷

規　　格　　32 開（125mm ×170mm）240 面

國際書號　　ISBN 978-962-04-4849-2

胡恩威，畢業於香港大學建築學院，現為香港九大專業藝團之一「進念‧二十面體」聯合藝術總監暨行政總裁，從事藝術科技劇場導演、編劇，設計文化政策研究超過三十年。

全國港澳研究會會員
江蘇省政治協商會議委員
香港發展策略研究所主席
江蘇省政治協商會議委員
香港一帶一路城市文化會議召集人
亞洲藝術網絡召集人
香港當代文化中心董事

文化雜誌《E+E》主編
香港兆基創意書院創校董事及副校監
西九龍文娛藝術區核心文化藝術設施諮詢
　委員會小組成員
公共廣播服務檢討委員會成員
香港經濟機遇委員會成員
港台文化合作委員會委員

主要著作／出版